世界上最有魅力的妻子

［美］桃乐丝·卡耐基◎著　逸凡◎译

江西人民出版社
Jiangxi People's Publishing House
全国百佳出版社

图书在版编目（CIP）数据

世界上最有魅力的妻子/（美）卡耐基著；逸凡译.
--南昌：江西人民出版社，2016.2
ISBN 978-7-210-07960-6

Ⅰ.①世… Ⅱ.①卡… ②逸… Ⅲ.①女性－婚姻－
通俗读物 Ⅳ.①C913.13-49

中国版本图书馆CIP数据核字(2015)第284386号

世界上最有魅力的妻子

[美]卡耐基/著　　逸　凡/译

责任编辑／王　华　晋璧东

出版发行／江西人民出版社

印刷／保定市西城胶印有限公司

版次／2016年3月第1版

2018年5月第5次印刷

880毫米×1280毫米　1/32　7.5印张

字数／167千字

ISBN 978-7-210-07960-6

定价／29.80元

赣版权登字-01-2015-862

桃乐丝·卡耐基，20世纪最伟大的成功学导师戴尔·卡耐基的第二任妻子，1944年与卡耐基结婚，成为其忠实门徒和事业继承人。作为一名成人教育家的妻子，桃乐丝·卡耐基曾和丈夫一起巡讲全球五大洲的50多个国家，指导和帮助千百万人如何建立充满活力的高品质生活。

1945年，卡耐基创立了他的私人公司，他亲自担任总经理，桃乐丝任副总经理。同时，卡耐基开始编写一系列关于如何控制忧郁和烦恼的小册子，并在他的课程中重点使用。1948年，卡耐基把这些小册子集结成书，定名为《克服烦恼建立新生活的艺术》，销售量高达600多万册。同年，桃乐丝开始深入地参与丈夫的这项事业。

在卡耐基的生活中，桃乐丝扮演的角色，首先是一个妻子。桃乐丝之于卡耐基，既有普通妻子的温柔与体贴，也有她独特的生活方式。作为名人的妻子，桃乐丝无法摆脱丈夫事业的影响，当然她本人对丈夫的事业持积极的态度，愿意为此与丈夫站在一起，继续扩展辉煌的事业。

为了让桃乐丝有事可做，以避免因无所事事而产生的烦闷，卡耐基建议她为妇女编写课程。这一建议无意间促成桃乐丝的人生转折，她开始设立以女人自我发展为内容的桃乐丝·卡耐基课程。桃乐丝认为，这个课程不仅是教女人如何产生魅力，也能拓展女人们的心智水平。

桃乐丝为开创这一事业付出了 20 年的努力，但由于非盈利的性质，在 20 世纪 60 年代末期，这一课程不得不被迫取消。尽管课程最终以失败告终，但却促使她写出了自己的第一部著作——1953年，灰石出版社发行了她的《写给女人——帮助丈夫获得成功且婚姻幸福》。在书里，桃乐丝结合课程教学参与者中的典型故事，借用了一些卡耐基用于著作和演说中的案例，旨在告诉女性读者如何构建和谐幸福的家庭生活。

经典的东西，无论何时听起来都是令人折服，卡耐基夫人的作品正是如此。今天我们再次重温经典，就是要以自主的心态去展现女性的个人魅力，让每个女人都能主宰自己的生活，守护自己应得的幸福。

世界上的每个女人，都渴望自己容颜不老、魅力永驻，就算我们不能拥有令人艳羡的天使脸孔、魔鬼身材，也要有美丽的气质和精明的头脑。只要我们愿意，就可以驾驭好身边的男人，不管这个男人是平凡还是伟大、是贫穷抑或富有，只要你掌握足够的技巧，就能将他塑造成你想要的模样，让家庭生活处于自己的节奏中。

世界著名成功学大师戴尔·卡耐基的夫人桃乐丝·卡耐基，总结女人的成功经验时，归纳了以下 10 点：

◎发展勇气、自信与平衡；

◎在家庭、社交与工作中有效地表现自己；

◎提高修养，注重仪表；

◎提高口才和礼仪；

◎拓展视野，铸就自己的风格；

◎记住他人的姓名、面孔和兴趣；

◎调剂生活，使家庭和谐幸福；

◎与人和谐相处，为丈夫赢得更多的朋友；

◎提高对爱的标准，不做丈夫背后的女人；

◎热忱地对待身边每一个人。

每一个男人心中都有一个梦想，女人要做的就是发现男人心中的渴望和野心，帮助男人树立奋斗的意识。

只有让男人具备这样高涨的热情，他的事业才会飞黄腾达，你们的小家才能衣食无忧、和谐美满。

在你的男人身边，经常会出现许多不同角色的女人，身为妻子如何面对和处理这些女人对丈夫的影响，无疑是重要的。太强硬的干涉不行，男人像沙子，"你攥得越紧他就溜得越快"。这就需要我们以细心观察为前提，以掌握方法为关键，在无形中给丈夫念上紧箍咒、套上玻璃罩，让丈夫体会到家庭和婚姻生活的乐趣，避免掉入"画皮女狐"的温柔陷阱里。

愿读过此书的所有女性都能够家庭和睦、婚姻幸福，与男人一起到达幸福的人生彼岸。

Contents 目 录

第一章

给男人一个梦想

没有理想，没有某种美好的愿望，也就永远不会有美好的现实。

——陀思妥耶夫斯基

每个男人心目中都有一个梦想，你如果爱他就要了解他的梦想。聪明的女人总是能够唤起所爱的男人心中的希望和野心，相爱的人仅仅看到彼此是不够的，还需要被共同的奋斗目标紧密联系在一起。

男人都是有野心的

男人都是有野心的，越是出身贫寒的男人，他的野心就会越大。

惠特尼出身农家，他和其他穷困的乡下孩子不一样，他的目标是成为一家大公司的老板。

惠特尼在城市里找到的第一份工作，是为一家大食品连锁店做零售店员。惠特尼工作十分努力，为了更好地了解业务状况，他利用午餐时间经常到批发部门工作。他这样做尽管没有额外的薪水可拿，却在老板的心目中留下了良好的印象。每当有更好的工作空缺时，老板总会第一个想到他。

就这样，惠特尼渐渐地从零售店员升为业务员，然后是部门主管、地区部门经理。大家都认为惠特尼已经是成功人士了，但只有惠特尼自己知道，他的心中对于现状仍然是不满足。在为公司服务多年之后，惠特尼知道自己在公司里的职位已经升到了尽头，有太多能力不如他的总裁亲戚挡在了他的面前。这时，另一家公司向他提出了邀请，并且告诉他公司的晋升规则是：能者居上。于是惠特尼毅然离开了工作多年的公司，去追寻自己的目标。

多年以后，当惠特尼成为"橘子包装公司"的总裁后，他终于实现了他的梦想。后来，他又创设了"蓝月乳酪公司"。

当年惠特尼初进城时，曾对公寓里的室友说："有一天我要成为一家大公司的总裁！"这句话并不是痴人说梦，他是在肯定自己的信念，同时也为自己的野心找到了方向。

也许你会说："还有许多男人没能成为惠特尼这样的成功者。"确实如此。这些男人之所以不能成功，是因为他们心里缺乏清楚的目标和理想。他们茫然地找个工作、茫然地结婚生子……到了中年，他们就会悔恨自己蹉跎了岁月。

每一个女人都应当知道：爱他就要帮助他找到自己的方向，彷徨只会磨损男人的斗志。只有当女人融入了男人的理想之中，才会真正地与他密不可分。

共享一个理想

每一个妻子所要做的第一件事就是帮助自己的丈夫理清他心中的希望和野心，然后她所要做的事就是与丈夫精心合作，共同来实现这些理想。

曾经合著《婚姻指南》的作者沙慕尔和艾瑟·克林深信快乐的婚姻来自共同的理想。至于理想是什么并不重要，可能是一幢新房

子、一趟去欧洲的旅行、一家大公司……共同分享这个理想才是最重要的。

快乐婚姻的关键在于：对眼前的生活有所希望，然后尽其所能地使它实现。所有的快乐、情趣、参与感都会从实现希望的过程中获得，同时，夫妻感情也能因共享奋斗过程中的成功或失败而逐渐加深。

堪萨斯州的威廉·葛理翰夫妇的幸福婚姻就是基于一个共同的理想。在堪萨斯州，威廉·葛理翰油料公司是个受人重视的大公司。威廉在他45岁时，就已从油料经营和投资中赚取了一笔可观的利润。同时，威廉和他的妻子玛瑞丽还拥有其他令人羡慕的婚姻成果：6个漂亮健康的孩子、宽敞舒适的家居和和谐美满的婚姻。这一切使他们对未来的生活充满了希望。

当威廉的朋友问他成功的最大因素时，威廉回答说："是因为我和玛瑞丽共同的计划和协调作业。"

玛瑞丽刚嫁给威廉时，威廉除了成功的理念和辛勤的工作外一无所有。玛瑞丽了解了丈夫的梦想后就开始加入计划中来。他们最先尝试的是做房地产生意，从介绍房屋买卖中抽取佣金。他们将办公室设在一幢办公大楼的废弃通道内，玛瑞丽在办公室里负责联络，威廉便四处拉生意。

开始时，业务进展得很慢，玛瑞丽时常得精打细算，否则他们就要饿肚子了。后来，随着生意的好转，他们便自己出钱买房子进行买卖。到了最后，他们开始自己盖房子卖了。这时，威廉有了新的目标，他认为自己应该加入其他的行业，也许会有更大的发展机会。

经过几次详细地交谈和商量，夫妻俩觉得石油生意更适合威廉，因为他总是期待更多的挑战和刺激。于是他们创办了威廉·葛理翰石油公司。

目前，威廉正在筹划新的目标，他和玛瑞丽正在考虑国外投资的可行性。只要有了决定，他们就会共同让这一决定变成现实。

每当威廉为自己制订计划和选择目标时，他总是会考虑到玛瑞丽的建议和态度，因为威廉说："没有玛瑞丽的支持，我什么也干不了。"就这样，葛理翰夫妇从一个又一个挑战性的计划中获得了生活的乐趣。在共同面对挑战的过程中，他们建立了密不可分的关系。

夫妇俩共同拥有一个理想是最幸福的事了，因为两个人共同制订并实行计划，要比一个人盲目地行动更有力量。

寻找共同的志向

男人最忧虑的事情是：当他们向着一个方向努力时，女人却不停地把他们拽向相反的方向。

盲目而看不清方向是不少男人不能出人头地的重要原因。而出现这种情况，往往是由于女人的羁绊。汤姆的志向在于经商，但他的妻子珍妮却希望他能成为学者。深爱珍妮的汤姆花了 3 年的时间进了研究所，但珍妮又希望他能成为设计师……最后汤姆实在无法

忍受珍妮了，于是离开她而选择了自己经商的道路。如今，汤姆已在商场上小有成就了。

作为妻子，你首先应该明确：成功对于你和你丈夫的共同意义是什么？财富？名望？安全感？舒适的生活？这是你和你丈夫需要共同面对的问题，因为你们都不是一个人了，而是一个共同体。你们只有找出共同的成功价值，才能找到共同的生活目标。

如果你的丈夫已经明确了他的志向，不要认为这样就已足够了。你所要做的不是试图左右他的方向，而是加入他的长期的计划中去。

相爱并不是轻松容易的事，两个人只有共同投入一个生活目标中去，爱才会延续下去。

第二章

激励男人迈上事业的新台阶

对男人来说，运气的好坏，生活的好坏，都取决于你选择妻子的好坏。

——陶玛士·傅勒

婚姻生活的最大乐趣就是夫妇共同完成一个又一个的目标。因为在携手实现这些目标的过程中，你们的感觉会像再次"蜜月旅行"般甜蜜。

尼克的幸运

尼克·亚历山大最渴望实现的目标是上大学，因为他是在孤儿院长大的，没有足够的条件供他上大学。

尼克是个聪明的孩子，因此他 14 岁时就从中学毕业了。为了生存下去，他不得不把他上大学的梦想放到一边，开始步入社会谋生。

由于教育程度的限制，他找到的第一份工作是在一家裁缝店里操作一台缝纫机。14 年来，他一直在这家裁缝店工作，一边工作一边为上大学做准备。裁缝店的工资不高，因此尼克始终没能攒够上大学的钱。

幸运的是，尼克·亚历山大娶了一个愿意帮他实现上大学梦想的女人。上大学可不是一件容易做到的事情，而且就在他们新婚不久，尼克被裁缝店裁员了。

这对年轻的夫妇决定自己出去闯天下，他们把所有的存款聚集到一起，开了一家"亚历山大房地产公司"。尼克的太太特丽莎甚至把结婚戒指都卖了，以便增加他们那笔小小的资本。

在这对夫妇的共同努力下，他们的生意开始兴隆起来。这时，特丽莎坚持让尼克去上大学，以实现他的梦想。就这样，尼克在他36岁的时候，得到了他的大学学位——这是他人生道路上所抵达的第一个里程碑。

一个目标实现后，尼克与特丽莎又有了新的目标——海边的一幢房子。不久后，他们也实现了这个梦想。

特丽莎就这样坐下来享受生活了吗？没有。他们还有一个小孩要接受教育，如果他们能把他们公司大楼的分期付款缴清，把大楼变成公寓出租，收入的租金就能缴付他们孩子的教育费用了。因为特丽莎一心一意要达到这个目标，尼克又开始了新的努力。

就这样，在妻子的不断激励下，尼克实现了他多年的梦想，同时也做到了他从不敢梦想的事——独立拥有一个大公司。

给男人订出奋斗目标

男人们总是喜欢富有挑战而忙碌的生活，这样会让他们有成就感。当你一无所求时，他们也就一无所有。给他们一个目标，会让他们的事业迈上更高的新台阶。

许多男人一辈子过得迷迷糊糊，因为他们的妻子从不为他们设定出奋斗的目标，于是他们就得过且过地生活下去。每一个能从看似平凡的事件中抓住机会的男人，都会有一个女人在后面给他鞭策。

优秀的女人都有明确的生活目标，同时也把这个目标传达给她们所爱的男人。当然，这些目标是基于现实的生活，是男人们可以达到的。你不能说："哦，我希望我丈夫明天就能成为总统。"而他此刻正在工地上搬砖头。你得激励他达到他所能实现的目标，因此，"你得努力成为工地上的工头"这个目标相比之下就要现实得多。

对于长期计划来说，最好是把每5年划分为一个阶段。你可以这么计划："在5年之内，让他拿到硕士文凭，准备好升迁；在10年之内，他就可以升为主管了。"

最好不要让你的丈夫感到自满而停滞不前。生活本身就是不断奋斗的过程，一旦他停止了，你们就会因为失去目标而感到空虚。

安德烈太太在介绍她美满的婚姻生活时说："我们结婚5年了，每一年都有一个目标。首先是他的学位，接着是进修课程，然后是1年的自由撰稿工作，现在是他自己的事业。现在的他充满了自信并深信自己能够成功，我也深信他能够成功。"

一个目标达到后，马上订出另一个目标，这是成功的人生模式。为此，我们要与自己的丈夫合作，不断地追求新的目标。

第三章

唤起男人的工作热忱

有史以来，没有任何一件伟大的事业不是因为热忱而成功的。

——爱默生

"十分钱连锁商店"的创办人查尔斯·华尔渥兹说过："只有对工作毫无热忱的人才会到处碰壁。"如果你的丈夫经常在工作中碰壁，除了他的能力外，最大的问题就是他对工作的态度了。

一个热忱的人，不论是在挖土，还是经营大公司，都会认为自己的工作是一项神圣的天职，并怀着浓厚的工作兴趣。对工作热忱的人，无论工作中会出现多少困难，或需要多么艰苦的训练，他们都会用不急不躁的态度去面对。只要抱着这样的工作态度，任何人都能成功地实现他所要达到的目标。

无论你的丈夫是位艺术家、卖肥皂的人，还是图书馆的管理员，都离不开热忱这个必备的成功条件。你也许会说："我的丈夫是个普通司机，他不需要热忱。"你错了！也许正因为你的丈夫对工作不具备热忱，他到现在仍然是个普通的司机，而不是车行老板。

要知道，工作热忱能激发起无穷的力量。耶鲁大学最著名并且最受欢迎的教授威廉·费尔波曾在自己的自传中写道："对我来说，教书凌驾于一切技术或职业之上。如果有热忱这回事，我想这就是了。我爱好教书，正如画家爱好绘画，歌手爱好唱歌，诗人爱好写诗一样。每天起床之前，我就兴奋地想着有关学生的事……人在一生中之所以能够成功，最重要的因素就是对自己每天的工作抱着热忱的态度。"

因此，要让你丈夫在工作中变得愉快，就必须帮助他培养对工作有热忱的态度。你必须帮助他认清自己的工作，使他能够全身心地投入进去。

你不妨告诉你的丈夫，他的工作是十分重要的。同时，对于每一个老板来说，都是喜欢提拔对工作热忱的员工。最重要的是，你得告诉你的丈夫：你是多么希望他热忱愉快地工作。

当然，对工作的热忱是有前提的。如果你的丈夫对音乐毫无才气，不论他是如何热忱和努力，都不大可能成为一位出色的音乐家。因此，你要鼓励你的丈夫在他擅长的工作上发挥热忱。当他具有了必需的才气，有着明确的目标，并且发挥出了极大的热忱，做任何事都会有所收获的，无论是物质上还是精神上都是如此。

如果你的丈夫所从事的是高技术性的专业工作，也同样需要热忱。爱德华·斯皮尔顿是一位伟大的物理学家，曾协助发明了雷达和无线电报，并因此获得了诺贝尔奖。《时代》杂志引用过他一句具有启发性的话："我认为，一个人想在科学研究上有所成就的话，热忱的态度远比专业知识来得重要。"

这句话如果出自普通人之口，你可以对此嗤之以鼻。但出自斯皮尔顿这种权威性的人物，你就不能不听了。

既然在科学的研究上热忱都这么重要，更何况其他各种领域呢？当你的丈夫四处碰壁时，考虑一下他的工作态度问题，也许这就是他不能成功的最大障碍。

派特的经验之谈

　　著名的人寿保险推销员弗兰克·派特写了一本《我如何在推销上获得成功》的书。该书的销量打破了以往任何一本有关推销的书籍。这本书为什么这么畅销？因为它揭示了无数男人目前在工作中所遇到的障碍：缺乏热忱！这是一本你值得买回来，与丈夫共同阅读的书，同样，派特的经历也许会给你丈夫带来一些新的启示。

　　弗兰克·派特的工作并不是一帆风顺的。他最初是职业棒球手，然而，他刚转入职业棒球队不久，就遭到了有生以来最大的打击：他被开除了！球队的经理对他说："弗兰克，你这样慢吞吞的，打起球来都没有劲儿！老实对你说，离开这里后，无论你到哪里做任何事，如果不提起精神来的话，你将永远不会有出路！"

　　派特的月薪本来是 175 美元，离开最初的球队后，他加入了亚特兰斯克球队，月薪减为了 25 美元。薪水这么少，派特做起事来更没有热忱了，于是惨剧再次出现了：他又被开除了！

　　这时，派特开始认识到事情的严重性了，如果他不努力试着改变，也许就再没有球队愿意接纳他了。当派特决心重新开始时，一位名叫丁尼·密亨的老队友把他介绍到了新凡，在新凡的第一天，他的一生有了重大的转变。

　　因为在那个地方没有人知道他的过去，于是派特下决心成为新英格兰最具热忱的球员。为了实现这一点，他采取了积极的行动。

每次他上场，就好像全身带了电。他强力地投出高速度的球，使接球的人双手都麻了。有一次，他猛烈地冲入三垒，把那位三垒手吓呆了，球漏接，结果他盗垒成功。当时的气温高达华氏100度，派特在球场上不停地奔来跑去，极有可能因为中暑而倒下。但是，唤起热忱的后果让派特自己吃惊不小，因为他心中所有的恐惧都消失了，发挥出了让他自己都意想不到的水平。同时，由于他的热忱态度，使其他的队员也跟着热忱起来，他们队因此大获全胜！

第二天早晨，派特读报纸的时候，兴奋得无法形容。因为报上说："那位新加入的球员派特无疑是一位霹雳球员。全队的人受到了他的影响，都充满了活力。那场比赛不但赢了，而且是本赛季最精彩的一场比赛。"

由于派特热忱的态度，他的月薪由25美元提高到了185美元，多了7倍！再往后的两年中，派特一直保持着他的热忱，薪水也增加了30倍。

后来，派特的手臂受了伤，不得不放弃打棒球。接着，他加入菲列特人寿保险公司做推销员。开始时他很苦闷，因此整整一年多都没有什么成绩。直到他又重新找到了工作的热忱，他才开始作出了成绩。

目前，他是人寿保险界的大红人，不但有人请他撰稿，还有人请他介绍自己的经验。他说："我从事推销工作已经30年了。我见到许多推销员，由于对工作抱有热忱的态度，使他们的收入成倍地增加；我也见到另一些推销员，由于缺乏热忱而走投无路。对此，我深信：唯有热忱的态度才是推销成功的最重要的因素。"

把你的丈夫培养成热忱的人

如果热忱对弗兰克·派特能产生这么惊人的效果，对你的丈夫也应该能产生同样的效果。

光说是不够的，你得用行动去影响他。如果你自己对工作都缺乏热忱，又怎样能让你丈夫相信工作热忱的重要性呢？首先你要愉快而又热忱地工作，才能让你的丈夫体会到热忱工作的成效。

家庭成员的行为方式有着巨大的影响力。乐队指挥鲍勃·克劳斯贝的儿子曾被问到他父亲和他叔叔每天的生活情形，他回答说："他们永远都在愉快地工作。"

"那你长大以后希望怎样生活呢？"有人又问他。

"也是愉快地工作。"克劳斯贝毫不迟疑地回答。

对工作具有热忱的人也能感染他人热忱地工作。所以，不要小看了你自身的影响力。

第四章

把丈夫打造成优秀的男人

每个优秀的男人背后都有一个好女人。

——华特·史考特爵士

　　对你的丈夫来说，你所应做的就是伸出你的双手来帮助他，而不是伸出你的脚去绊倒他。你不用抱怨你的丈夫不够优秀，因为每一个你所看见的优秀好男人，都是由优秀的好女人一手打造出来的。如果你不相信，不妨试一试以下能让你丈夫进入优秀男人行列的好方法。

培养责任感

　　责任感对一个男人来说至关重要。无论是对家庭还是对工作，责任感都必不可少。

　　事业是男人的第二生命，因此，在对待工作上，男人的责任感更是他们竞争的强有力的武器。责任感在工作上的表现体现在对工作的熟悉程度上。如果你的丈夫对他的工作细节仍旧感到陌生的话，你可得提高警惕了。

　　有的男人觉得自己只是依附在一个大的、没有人性的机器上的一个齿轮，因为他们并不知道自己特定工作的重要性。同时，也因为他们除了做别人要他们天天做的工作外，并不想学习任何其他事情。

　　尽可能地了解自己的工作，可以增强自信心。名记者塔贝尔说他有一次花了好几个星期去为一篇500多字的文章收集资料。然而，事实上他只用了资料的一小部分。对此他解释说，那些他没有使用的资料会增加他的实力，因为他所收集和了解的东西比写这篇文章的内容更多、更全面，所以他写起来显得更轻松，更有信心，也更具权威性。

本杰明·富兰克林小时候就懂得培养工作责任感的重要了。那时他因为家境贫寒，不得不在一家臭气冲天的肥皂厂里打杂工挣钱补贴家用。他并没有因为工作环境而降低责任感，反而竭尽所能地学会了整个肥皂制造的程序。正因为如此，他对自己所做的工作具有相当的成就感。

我们对一件事物愈热心，对它的责任感也就随之增强。所以，如果你的丈夫对工作不够热心并缺少了解，很可能是因为他对工作的责任感不够强烈。

对目标的执著

优秀男人对他所设定的目标都能够执著地坚持。他们知道他们正在为什么目标而努力，并且知道执著的重要性。正因为如此，优秀的男人不会因为一时的挫折和失败而泄气。

每个想成功的男人都需要确认他的目标，并且耐心地完成它。

英国诗人撒母耳·泰勒·哥尔雷基恐怕是最不接受这一劝告的人，所以他没能成为成功的男人。他遗留给后代的诗作大部分

都是未完成的，他把自己的才华浪费到了无数的目标中。在他死后，查理·兰姆写信给朋友时说："哥尔雷基死了，听说他留下了 4 万多篇有关形而上学和神学的论文——没有一篇是完成的！"

和你的丈夫讨论他的未来的目标，鼓励并帮助他耐心地实现这个目标。

经常自我激励

优秀的男人懂得如何激发自己的信心和热情，他们每天都替自己加油打气。

新闻分析家卡特本说，他年轻而缺乏经验的时候，在法国当推销员。每当他胆怯或怀疑时，他都会对自己说一番鼓励的话。

同样，魔术大师荷华·索士第也常在他的化妆室里跳上跳下，一次又一次地大声喊到："我爱我的观众！"直到他的热情激发出来，然后他走向舞台，向观众们呈现一次充满活力和愉快的表演。

你的丈夫不可能每时每刻都充满活力和愉快的心情，当他苦闷无助时，你需要在一旁为他加油打气，表达出你对他的信任和爱。

结交优秀的朋友

　　结交优秀的朋友会使人变得更加优秀，因为良好的品格会相互影响并排除不良品格。

　　你虽然没有办法控制丈夫的工作环境，但你可以尝试培养丈夫的交友习惯，以刺激他更有创造力地思考和生活。

　　如果你希望丈夫散发出热情和活力，就让他处于对生活充满热情和希望的朋友的影响之中。每一个团体中都会有这种人，要把找出这种人当做你的职责，并且帮助你的丈夫和他们交往。

　　避免你的丈夫和那些闷闷不乐的人，那些缺乏爱心与热心的人交往，因为他们会逐渐消磨掉你丈夫的热情和理想。

世界上最有魅力的妻子

第五章

做个会"听话"的太太

倾听是女人的魅力之一。微笑着倾听丈夫烦恼的女人，远胜过空有一张漂亮脸蛋却喋喋不休的女人。

——杰利密·泰勒

作为一个妻子，最为自豪的不仅是能够与丈夫分享成功的喜悦，同时也包括倾听丈夫的烦恼与困难。对男人来说，他们愿意与许多人分享他们的成功，却只会向极少数人倾吐他们的烦恼。而那些能够听他们烦恼的人，也正是他们最为信任和亲密的人。

从这一意义上来说，要成为一个好妻子，不仅要与丈夫分享胜利，还要懂得倾听丈夫的烦恼。

取得丈夫的信任

有许多女人说："我愿意倾听丈夫的烦恼，但他从来都不说给我听！"为什么会出现这种情况？最大的可能性有两个：一是丈夫怕在妻子面前承认自己的失败；二是妻子根本就不懂得如何倾听。但无论是哪种原因，都是夫妻间的信任不够强烈。

比尔·琼斯的例子可以很好地说明这一点。一年前，比尔·琼斯在芝加哥从他的办公楼顶上跳了下来。他跳楼的原因是忧虑和害怕。他兴盛发展的事业遭到了前所未有的危机：他的业务扩展得太快，债权人正在催逼他，而他的许多支票在银行里都无法兑现了。最糟的是，比尔觉得他不能与太太一起承担这些灾祸。他的太太一直都以他的成功为荣，比尔没有勇气告诉她这些事，因为他害怕这些事会使她从幸福的天堂掉进羞耻和绝望的深渊中。

比尔的困境使他走上了他自己办公室的屋顶，他迟疑了一下，然后跳了下去。从地心引力和常识来判断，他是死定了。但是，使人不敢相信的是，他竟然没有摔死！当比尔·琼斯在病床上意识清楚地醒过来，发觉自己还活着时感到兴奋无比。和这个奇迹比起来，他从前的麻烦没有一件看来是重要的了。

事后，比尔把自己的烦恼告诉了他的太太。他太太十分生气，因为比尔不相信她能与他共渡难关。她开始坐下来想办法为他解决困难，几个月来，比尔第一次放松了心情。

如今，比尔·琼斯在稳步的计划下重新取得了事业上的成功，他不再有拖欠的债款了。更重要的是，他已经学会如何和他的太太一起分享困难，就像一起分享胜利那样。

比尔·琼斯的例子告诉我们，如果丈夫不信任自己的妻子，就不会把心中的烦恼告诉妻子。有些男人过于低估了自己妻子的承受力。他们想带给妻子所有美好的东西，想成为把成功的事业和上等的毛皮大衣带回家的大男人。因此，每当事情不顺利的时候，他们想办法瞒住自己的太太，以免她们的脑袋里装满害怕与不安。他们从来没有想到过，不管好坏也应该让他们的太太一同来解决这些难题。

如果你的丈夫一直对你是"报喜不报忧"，那你要考虑的问题是：他对你的信任是否足够。要想听到丈夫的心声，你首先必须取得他的信任，表现出能同他一起面对灾祸的决心。

妻子最重要的事情

妻子最重要的事情并非洗衣做饭生孩子，而是与丈夫能从精神上相互扶持。《福布斯》杂志曾刊出了一篇对公司员工的妻子所做的调查报告，报告中指出：一个男人的妻子所能做的最重要的事情就是让她的丈夫把他在办公室里无法发泄的苦恼都说给她听。

能够尽到这种职责的妻子通常能得到丈夫的衷心疼爱。因为男人所需要的并不是一个"训导主任"，而是个能善解人意的女人。

任何一个自己曾在社会上工作过的女人都可以了解，如果工作回来后能向家里人谈谈这一天所发生的事情，无论是好事还是坏事，都是可以让心情放松和得到安慰的。通常，在办公地点，我们没有机会对所发生的事情发表意见。如果我们的工作特别顺利，我们不可能在办公室里开怀高歌；如果我们遇到了困难，我们的同事也不想听到这些麻烦事——他们自己已经有太多麻烦了。因此，当我们回家时，觉得自己必须好好地发泄一番。

然而，最常发生的事情是这样的：

比尔回到家后，有点上气不接下气地说道："老天，梅尔，这真是个伟大的日子！我被叫到董事会上，去告诉他们有关我所做的那份区域报告。他们要我把建议说出来，并且……"

"真的吗？"梅尔说着，一副心不在焉的样子，"那真好，亲爱的。吃点酱肉吧。我有没有告诉过你那个早上来修理火炉的人？他说有些地方需要换新的。你吃完饭后去看一下好吗？"

"当然好，亲爱的。噢，像我刚才说的，老索洛克蒙顿要我向董事会说明我的建议。起初我有一点紧张，但是我终于发现我引起他们的注意了。甚至连毕林斯都很感动，他说……"

梅尔："我以前就认为他们并不够了解你、重视你。比尔，你必须和迈克谈一谈他的成绩单。这学期他的成绩太糟糕了，他的老师说，如果他肯用功努力的话，一定可以念得更好。我已经没有办法劝他了。"

到了这个时候，比尔终于发现梅尔对他的话题并没有太大的兴趣，于是他只好把他的得意和酱牛肉一起吞到肚子里去，然后完成有关火炉和迈克成绩单的任务了。

你会想：难道梅尔的问题就不重要了吗？当然不是，她和比尔同样都有找个听众的基本需要，只是她把时间搞错了而已。如果梅尔能全心全意地听完比尔在董事会上所出的风头，比尔就会在自己的情绪发泄完了后，很乐意听她谈家事了。

女人要懂得在什么时候倾听，什么时候发言。善于倾听的女人不仅能够给自己的丈夫最大的安慰和宽心，也同时拥有无法估计的社会资产。一个文静、不矫饰的女人远胜过一个喋喋不休的女人。

以机智闻名的杜狄·摩尼曾把一个优秀的男人描述成：当他自己最熟悉的事情被一个完全不懂行的门外汉说得天花乱坠时，他仍旧很有兴趣地听着。这种描述对于女人来说更加适用。

做丈夫的"好听众"

怎样才能成为丈夫的"好听众"？至少你要达到下列三个条件。

1. 全身心地倾听

你要用眼睛、脸孔甚至整个身体去倾听丈夫的话，而不仅仅是耳朵。

如果你真正热心地听你丈夫说话，你就会在他说话时看着他，你会稍微向前倾着身子，你脸部的表情也会有反应。

玛乔丽·威尔森是魅力方面的权威，她说："如果听众没有什么反应，很少有人能够把话讲得好。所以，当一句话打动了你的心，你就应该动一下身体。当一个主意适时地感动了你时，就像你心里的一根弦被震动了，你就应该稍微改变一下坐姿。"

如果你想要成为好听众，就必须作出反应，表达出你对话题的兴趣。

2. 问些诱导性的问题

什么是诱导性的问题？诱导性的问题是，在发问中灵巧地暗示着发问人内心已有的一个特殊答案。直截了当的问题有时候显得粗鲁无礼，但是诱导性的问题可以刺激谈话，并且可以推动话题。

诱导性的问话是任何一个想要成为好听众的人所必备的技巧。

如果要聆听丈夫的谈话，并且不直接提出他不想听的劝告，诱导性的问话就是一个不会失败的技巧。

你可以提出这样的问题："亲爱的，你认为做更大的广告可能会增加你的销路，或者将是一种冒险吗？"你提出这种问题并不是真的给他劝告，但却可以得到类似的结果。

3．永远不要泄露秘密

有些男人从来不和他们的妻子讨论事业问题的另一个原因是：这些男人无法相信他们的太太不会把这些事情泄露给她们的朋友或美发师知道。他们讲给自己太太听的每一件事情都会从她们的耳朵进去而又从她们的嘴巴里出来。

"约翰希望在维吉先生退休以后马上得到公司经理的职位。"这是约翰的太太玛丽在桥牌桌上随便说出口的话，可是第二天约翰的竞争对手就知道了，于是约翰就在完全不知情的情况下被暗中排挤掉了。

许多男人都怕自己的妻子多嘴，不分场合地传播对他们工作业务有影响的话题，甚至还有一些女人会利用丈夫的信任，在以后的争论中拿出来打击他们。"你自己亲口告诉过我，你只因为一纸契约而买下那些过量而不必要的剩余物品。而你现在却说我浪费太多钱去买衣服。难道只有我奢侈？"

类似这样的场面多发生几次，这位太太就不会再听到她丈夫向她大谈业务的"骚扰"了。因为她的丈夫发现自己对妻子的倾诉只不过是给了她更多的打倒自己的话柄而已。

作为一个好妻子，并不意味着了解丈夫所有的工作细节和秘密。比如你的丈夫是个绘图员，他不一定要求你了解他是如何画蓝图。

但是，每个丈夫都会希望他的妻子对发生在他身上的事情富有同情心，有兴趣，并且提高注意力。

掌握倾听的技巧，将会使女人更加可爱。安静倾听的女人在男人心目中会留下一张比特洛伊城的海伦还要美丽的脸孔，并且会在他们心中留下更深刻的印象。

第六章

赞美是男人前进的动力

我的妻子有一颗高贵忠诚的心，那是很难得的。40 年来，她一直是我真诚而挚爱的帮手。她一直从行动和言语上毫不厌倦地鼓励我前行，这是其他人所不能及的。

——陶玛士·喀莱尔

经常向丈夫说"你无论如何也不会成功"的妻子，只会让这句话更快地实现而已。每一个男人事实上都是两个人，一个是他真正的自己，另一个是他理想中的自己。能让这两种形象合二为一，只有优秀的女人能够做到。因为优秀的女人明白：让一个男人前进的动力不是指责，而是赞美。

爱他就多赞美他

每一个女人都希望她的丈夫能成为她理想中的那个人，要做到这一点，女人需要相当的智慧。要让一个男人变得优秀，你就不要挑剔他，不要拿他与隔壁的某某人相比，也不要设法给他巨大的压力，而应该温柔地鼓励他、赞赏他。

没有男人不喜欢女人的赞美，尤其是出自对他们至关重要的妻子口中。当他们听到"你真了不起，我很以你为荣，我真高兴你是我的"这种话的时候，每个男人都会高兴得跳起来。

许多成功的男人都可以证明这种说法的真实性。例如，拥有派克斯货运和装备公司的派克斯先生就有这种体会。

"我确信，"派克斯先生说道，"一个男人不但可以成为他理想中的人，而且也可以成为他太太所期望的人。多年来，我曾雇佣了许多员工，但是在我和他们的太太谈过话之前，我是不会把一个需要信任或有重大责任的职位交给他们。因为一个妻子的人生观以及她对先生信任的程度，可以决定一个男人在事业上的成败。我之所以这么说，是因为我自己就有这种经验。

"我太太在嫁给我以前十分富有——富有的双亲，受过良好的教育，有一个快乐的家。我却是个穷小子，只受过很少的教育。除了有想闯天下的欲望以及她对我的爱与信心之外，我什么东西也没有。

"在我们婚后最初的几年里，日子过得十分艰苦。每当我面对失败与挫折而灰心丧气时，她的了解和不断的激励是我继续努力的唯一动力。

"在我的生命中，如果有了什么成功，全是由我太太不断地鼓励带来的。就算在我最无助潦倒时，她也没有离开我。每天早晨我离开家时，她从不会忘了对我说：'鲍伯，我相信你今天一定会过得很好。别忘了我爱你。'当我回家时，她也总是耐心地倾听我一天的工作情况。为此，我曾发誓永远不会让她失望。到目前为止，我做得还不错。我会继续努力达成她的希望的。"

不幸的是，有许多女人做不到派克斯太太这样，用鼓励和爱帮助丈夫前进。她们虽然也希望丈夫出人头地，但却一直在讽刺他们，鄙视他们，于是她们的丈夫就永远不可能满足她们的需要了。

鼓励带给男人进步

使男人进步的方法并不是要求他，而是鼓励他。

女人应该怎样鼓励男人，使他们成为女人理想中的样子？应该给他们以鼓励和赞赏，指出他们最能够施展出来的才华。

如果他需要建立信心，你可以指出他做过的有勇气的事情。"你还记得那一次，你告诉老板如何减少你部门里的浪费的事吗？那实在是需要很大的勇气。但是你做到了，真了不起啊！"即使是最怯懦的男人，听到了心爱女人的鼓励，他也会敞开胸怀去努力的，甚至更进一步，他还会觉得也许自己能做得更好，从而表现得更勇敢。

这种鼓励的方式总会比指责他"我不知道你为什么总这么没用，你甚至不敢对鹅说一个'哼'字"的效果要好得多。

一个好妻子永远不会对她的丈夫说："你真没用！"尤其是在他失败时。如果你的丈夫真的失败了，他的老板和其他人将会毫不迟疑地向他指出这一点。这时你要做的不是在他心中再撒一把盐，而是在早餐时，在床上，或在家里的任何一个地方告诉他："你是可以成功的。"那些在丈夫失败时对他们说"你无论如何也不会成功"的妻子们，只会使这句话更快实现而已。

不要怀疑你对丈夫的影响力，你所说的每句话都会使你的丈夫改变，让他变得更好或更坏。所以，你对你说出的话要进行选择，只有那些明智的、鼓励性话语，才能改变一个男人的消极态度，使他变得更好、更新。

汤姆·强斯顿就因为有位好妻子，从而改变了对生命的认识。汤姆·强斯顿曾在战争中受了伤，他的一条腿有点残疾，并且疤痕累累。幸运的是，他仍然能够享受他最喜爱的运动——游泳。

在他出院后不久，有个星期日，汤姆和他的太太在汉景顿海滩度假。做过简单的冲浪运动以后，汤姆就在沙滩上享受起日光浴了。然而，不久他发现，其他人都在注视着他的腿。在此以前汤姆从未在意过这条受伤的腿，但现在他知道这条腿太惹眼了。

第二个星期日，汤姆的太太提议再到海滩去度假。但是汤姆拒绝了，说他宁愿留在家里休息也不想去海滩玩。他太太注意到了他的变化。"我知道你为什么不想去海边，汤姆，"她说，"你开始对你腿上的疤痕产生自卑感了。"

汤姆承认了他太太的话，以为他的太太会因此而指责他，然而他太太却说了些让他永远不会忘记的话。她说："汤姆，你腿上的那些疤痕是你勇气的徽章，你光荣地赢得了这些疤痕。不要想办法把它们藏起来，你要记住你是怎样得到它们的，并且要骄傲地带着它们。现在走吧——我们一起去游泳。"

汤姆·强斯顿去了，他的太太已经除掉了他心中的阴影，甚至给他带来了更好的开始。

真诚的赞美是值得尝试的

要相信真诚的赞美对你的丈夫是有效果的，因为这种方法已在推销员的身上得到了证实。

波士顿商会的营业经理俱乐部曾主办了一个有关推销术的课程。这个课程总共 5 个晚上，大约有 500 名推销员和营业人员参加了这次培训。在这个课程的最后一个晚上，营业代表的太太们都被邀请前来参加。这些太太们欣赏了一个特别的节目，告诉她们怎样才能让她们的丈夫变得更有智慧，并且能得到更好的销售成果。

主持这个节目的是大卫·盖·鲍尔斯博士，他鼓励每一位太太在每天早晨送她丈夫出外工作时，使他们能充满信心，并且保持愉快的心情。如果希望自己的丈夫能提高销售成绩，那该怎么做呢？大卫博士建议说："对他说他多么潇洒——即使他所喜欢的装扮早已过时了。赞美他所喜爱的领带样式，称赞他的风度，而不要提起前天晚上在宴会上他所说过的失礼的话。告诉他，你相信他正要去征服所有的顾客。他一定会按照你所想的那样做到的！"

既然这种方法对推销员和营业代表是有效的，那么，对你丈夫也会同样有效。你为什么不尝试一下呢？你只要付出小小的努力，就会获得更快乐和更热心的丈夫。

第七章

成功的男人都需要一个信徒

妻子们，应全力地爱你们的丈夫，就如同信徒信仰基督那样。

——柏拉玛·詹森

每一个男人都需要一个信徒，一个在环境恶劣的时候护卫他的女人。当他处于困境之中时，当他失败时，男人需要一个帮他树立起勇气和信心的太太，让他知道没有任何事情能够动摇她对他的信任。如果连他的妻子都不信任他，还有谁会信任他呢？

女人的信任与支持对于男人就像燃料对于引擎那样重要，尤其是引擎发动不起来的时候。

福特的忠实"信徒"

19 世纪末，底特律的电气公司以月薪 11 元雇佣了一名年轻的技工。他每天工作 10 小时，回到家后，还常常花费半个晚上的时间在屋后一间旧棚子里工作，想要设计出一种新的引擎。

这位年轻技工的父亲是个农夫，确信他儿子这种奇怪的想法纯属浪费时间。邻居们也认为他是个大笨牛，每个人都在取笑他，认为他笨拙的设计不能制造出任何东西。

除了他的太太，没有人相信他能够成功。当白天的工作做完以后，他的太太就在小棚子里帮助他研究机器。冬天时，天色很早就暗了，为了使他能够正常工作，他太太提着煤油灯站在寒风中为他照明。她的牙齿在寒风中颤抖着，手也冻成了紫色。但是，她深信丈夫总有一天会把引擎设计成功，因此她丈夫称呼她为"信徒"。

在旧砖棚里艰苦工作 3 年以后，这个异想天开的想法终于变成了现实。在这个年轻人 30 岁生日那天，他的邻居们都被一连串奇怪的声音吓了一大跳。他们跑到窗口，看到那个大怪人亨利·福特和他的太太，正坐在一辆没有马的车上，在路上摇晃着前进。

一个新的工业就在那天诞生了——一个将会对这个国家有深远影响的工业。如果亨利·福特是新工业之父，福特夫人这位忠实的"信徒"，当然有权利被叫做新工业之母了。

50 年以后，福特先生，这位相信灵魂轮回再生的人，被问到他下一次出生时希望变成什么的时候，福特先生说："我不在乎，只要能够和我太太在一起，我什么都不在乎。"他终生都称他的太太为"信徒"，并且希望永远和她在一起。

全心信任你的丈夫

在这个世界上，最该信任你丈夫的人就是你自己。如果身为他妻子的人都不相信他，还有谁会全心全意地信赖他？

信任是一种主动的特质，它不会承认失败，只会帮助恢复失去的信心。

西盖·洛克曼尼诺夫，这位伟大的俄籍音乐家，在 25 岁的时候就已是个成功的作曲家了。然而，由于过分自负，他写了一首很不成功的交响曲，遭到了大家的批评。为此他十分泄气，度过了一

段沮丧失望的日子。最后他的朋友带他去看尼可拉斯·达尔医师，一位心理医生。达尔医生一次又一次地反复告诉洛克曼尼诺夫："你的身上潜藏着伟大的东西，等待着你向全世界宣布。"

这个想法渐渐在洛克曼尼诺夫心里生了根，终于使他重新恢复了自信心。第二年圣诞节前，他已经完成了那首伟大的C小调第二协奏曲，并且把这首曲子献给了达尔医生。当这首曲子公演的时候，听众们都听得如痴如狂，洛克曼尼诺夫再次尝到了成功的喜悦。

信任和支持对于男人，就像燃料对于引擎那样重要。它能使男人的心理和精神重新充电，将失败转为成功。

噩运有时候会挫伤男人的锐气，严重的打击还会使他们直不起腰来，但如果这时有人告诉他们："别灰心，像这样的事情是打不倒你的。我支持你！"事情就会不一样了。

这就是妻子们对丈夫的一种信任，她们以一种特殊的能力看到了丈夫所特有的潜力。她们不是用眼睛去看，而是用心去看。

你对丈夫的信任不能埋在心中，要用语言表达出来，否则就毫无意义。你要用鼓励、赞美与爱的语言和行动表示出来，让你的丈夫真真切切地感受到你对他的爱和信任。

第八章

做男人事业的好帮手

夫妻两人共同完成一项工作的快乐，会比他们单独完成某项工作的乐趣要大得多。

——约翰·戴维斯

如果你一直对丈夫的工作和前途有兴趣，为什么不抽出时间来和他一起工作？

一天早上，在纽约市一辆公共汽车上的乘客都伸长了脖子，因为他们看到了一位衣着入时的女士扛着一支猎枪跳上了车子。

这是广告噱头？或是个女怪人？还是要持枪抢劫？许多乘客都在他们的座位上感到坐立不安，直到这位女士到了站，平静地扛起武器下了车，所有的乘客包括司机在内才同时松了一口气。

然而，这看似惊险的一幕却只是艾多丽亚·费云在为她的丈夫工作而已。她正在为他的顾客将这支赊账买来的猎枪送回原来的店里去。

梅尔·费云是一家家用电器厂的推销员。他的太太艾多丽亚对这份工作也十分感兴趣，因此想出了许多办法来帮助他拓展工作。

艾多丽亚想帮助她丈夫分担工作，处理一些细小但必须处理的杂务，这样就能让费云先生有更多的精力去应付工作中的大事了。

为此，艾多丽亚学会了开车和打字。她还为费云画了许多彩色画报，以便他能在销售会上作为展览和陈列品。

同时，由于艾多丽亚为她丈夫的工作付出了努力，所以她能从丈夫的成功中获得更多的快乐。

分担丈夫的工作

许多女人从来没有想过要为丈夫分担一下工作，她们会说："他雇来的女秘书是干什么用的？"或者说："当公司愿意付我薪水的时候，我再帮助他吧！"

在这些女人心目中，丈夫的工作完全是他们自己的事，自己只要享受成果就好了。但她们也许忘了，任何事情没有付出就不会有所收获。如果你对丈夫的工作和前途毫不关心，那些也许最后与他分享成功的女人也就不会是你了。你应该尽你所能，为你的丈夫减轻一下负担。

进一步说，并非让你抢过丈夫手中所有的工作，而是尽你所能从杂事上帮助他。也许他需要你帮他做点文书工作：打字、写报告、处理信件；也许是接电话，为他开车；也许是查图书或杂志资料……这些工作都可以减轻他的负担，使他集中精力做更有价值的工作。

然而，你也许会说："我太忙了，既有家事要做，又有我自己的工作，怎么帮他？"很简单，只要你想就一定能够做到。有许多女人都能兼顾家事、工作和丈夫，彼德的太太罗丝就是其中之一。

当年轻的彼德·阿塔多从第二次世界大战服役中退伍以后，就以一辆汽车和800美元的资产起家，创办了亚斯坎·来蒙欣汽车服务公司。

彼德的服务快速、热忱并且讲求效率，因此他的生意十分红火。由于他不能同时开车与接听电话，他的太太罗丝就自告奋勇地承担了接听电话的工作。她让彼德在家里安装了一部业务电话分机，分机装好后，她就担负起电讯发送的责任了。

如今，彼德的工作实在太忙了，他有了新的合伙人和更多的顾客。每当外出的时候，罗丝就要接听他的电话。除此之外，她还要照顾他们的3个小孩，完成所有的家事和杂志社的约稿。

对此，彼德说："不管我付出多少薪水，也没有办法雇到一位像罗丝这样全力帮助我的员工。罗丝和我一样清楚地知道老主顾的姓名和住址，并在顾客面前建立了极高的信誉。他们知道罗丝不会给他们不正确的信息，也不会在我跑长途的时候想办法拖住他们。如果我没有空，她甚至会替他们到别的计程车公司叫车子。我不能没有这个女人！"

而罗丝也说："如果彼德需要的话，我即使再忙也会设法帮助他的。这并不难做到，我只是提高了工作和做家务的效率，这样我就有时间来帮他的忙了。"

如果你没有小孩子需要照顾，那你就更容易帮助你丈夫了。你可以在空余时到丈夫的办公室或是营业的地方，看看有什么需要你帮忙的。

贝拉·德拉斯太太就是这样做的。她的丈夫是一个诊所的医师，每当他缺助手时，她就会补这个缺，直到找到了更合适的助手。她把工作做得非常漂亮，仿佛她就一直在这个岗位上工作似的。

"对于路易丝来说，这不仅仅是一件工作，"她的丈夫贝拉·德拉斯医师解释说，"对于每一位要我出诊，或是到诊所来的病人的健康，她和我同样地关注。"

对于妻子来说，她为丈夫所做的任何工作，都具有额外的特性。因为他们是共同体，共同生活在一起，她没有办法不对他的工作付出关注。

类似这样帮助丈夫减轻工作负担的妻子们，还有许多，她们的丈夫也无一例外地获得了成功。法国作家阿尔冯云·道狄曾经不愿意结婚，因为他害怕婚姻会使他的想象力变得迟钝。后来他认识了朱丽·亚得拉，开始改变了他的想法。他的一些最好的作品，都是在和朱丽结婚以后写出来的。朱丽有着高明的文学鉴赏力，道狄对她的评论非常信赖。他的朋友曾说："道狄写好的稿子，几乎没有一张没被朱丽改过以及润饰过。"

哈柏是瑞士著名的博物学家以及蜂类学权威，然而他在 17 岁时眼睛就瞎了。是他的妻子鼓励他研究博物历史，并且依照他的意念，用自己的双眼替他观察，从而帮助他成名的。

为了和你的丈夫更紧密地结合在一起，多在工作上帮助他吧！这不只是为了工作，也是为了生活。

了解丈夫的工作

如果你对自己丈夫的工作或职业没有一些常识或了解，而想给他适当的帮助，这几乎是不可能的事。你了解得愈多，才愈有可能

帮上他的忙。

即使在对丈夫的工作上，做妻子的并不能提供极大的帮助，但如果能对丈夫的工作需求有所了解的话，也可以使妻子们更有同情心和耐心，从而成为更加善解人意的伴侣。

每一个想成为好妻子的女人，都要认识到这一点。因为对共同事物的关注和了解能增强彼此的理解和信任。当玛姬·伟莉还没有嫁给她丈夫时，每晚睡觉前都在看一本她未婚夫正在看的深奥的法律专著。对此，她向她的家人们解释说："我不希望和他相差太远，不希望有他知道而我不懂的事情。"

如今，妻子对她丈夫工作的了解程度，已被公认为对丈夫的成功有极大的激励作用。因此，许多公司正努力使他们员工的太太们得到这些了解。

道斯谢是利里一杜礼柏茶杯公司的总经理。他正计划每两个月发行一份有关公司业务的小册子，给他所有员工的太太们。"如果她们看了这些小册子，"道斯谢先生说，"她们就会情不自禁地对公司业务感到兴奋。"

而这些"对公司业务感到兴奋"的妻子们，是她们的丈夫及其丈夫的雇主最坚定的朋友。

瑞士欧尔利康市的某家机械制造工厂，每个月都会安排员工的太太们进厂参观访问。在这几天的参观日程里，太太们将会了解所有的制造程序。工厂的经理已经发现，这是一项实用的政策，因为他经常能从这些太太们那里听到如何改进生产的建议。

许多美国公司也对太太们大开其门了，他们也得到了更多的实惠。马丁·萧尔参观了她先生工作的程序后，有了个想法。当天晚上，她问她丈夫，为什么他的机器不使用脚踏板来代替那个高过人头的杠杆——换个脚踏板将会节省更多的时间和不必要的动作。

她丈夫觉得这个说法很合理，于是把这个建议向老板提出来了。结果当这个建议实现后，他的生产效率提高了 20％，他也因为妻子的创意得到了 3 500 美元的奖金。

男人把他生命的大部分时间都奉献给了工作，作为他的妻子，你有权分享这份占据他大部分时光的工作。不让工作抢走丈夫的最好方法就是与丈夫一起融入工作中，这样你不仅可以帮助丈夫取得成功，还可以与丈夫一起分享工作中的快乐。

世界上最有魅力的妻子

第九章

正确对待丈夫周围的女人

大部分危害到婚姻生活的不幸都起源于无端的猜疑和嫉妒。婚姻是朵娇贵的花，漠然会使它凋零，猜疑更会使它枯萎。

——伊丽莎白·史波拉

你不可能让丈夫与所有的女人隔绝开来，尤其是对你丈夫的事业有帮助的女人——他的女秘书与合作者。你要记住，你与这些女人是站在同一阵线上的，尤其是在公事上。

如果女人最要好的朋友是她的母亲，那么男人最亲近的战友就是他的女秘书了。一个好的秘书，可以提高老板的效益。她忙于促使老板的工作顺利进行，同时帮助老板处理各种各样的琐事。一个秘书的工作范围，可能要从削铅笔到接见各种访客开始。因此，毫无疑问，一个好秘书是男人事业成功的重要助手。

作为一个妻子，你应该明白：丈夫的女秘书或女的合作伙伴与你有一个共同的目的，那就是要使他的事业更加远大。你们同样都关注着他最终的成功，因此，如果你们能够互相合作，而不是相互对立，会使你们的目标更快地实现。

可是事实上，许多妻子对出现在丈夫周围的女人充满了不信任，她们总是暗中猜疑，并且嫉妒自己的丈夫在公事上依赖的另一个女人。这种猜疑的结果往往是把自己的丈夫推向了那些比你更相信他的女人。

作为妻子不用对出现在丈夫身边的其他女人疑神疑鬼，尤其是需要与丈夫长期合作的女秘书。你应该和她们保持友善的关系，这样才能对你丈夫的事业提供帮助。一个聪明的妻子应该知道如何对待丈夫身边的女人，通常她应遵守以下的规则：

不随便猜疑

虽然你认为自己的丈夫很有吸引力，值得追求，但这并不意味着与你丈夫接触的每一个女人都会把他当成目标。尤其是对于那些在公事上与你丈夫接触的女人，通常她们对有能力的男人也仅止于欣赏，而不会动真情。何况，即使她们对你的丈夫有意，你丈夫也未必会同意。多给你和你丈夫一点信心，毕竟你们是准备共度一生的伴侣。

尤其是在工作出现问题，你丈夫要加班工作时，你尤其要表现出体贴与谅解。你要知道，你的丈夫和女秘书或合伙人正在办公桌前绞着脑汁，而不是跑到酒吧里喝酒去了。

如果你的丈夫会与别的女人一起工作，而不是独自一人，当妻子的应该感到庆幸才对，因为你知道有人会在适当的时候提醒他该回家了。

不心怀嫉妒

通常在社会上工作的女孩子都会打扮得很漂亮，这是工作业务的需要，也是礼貌的需要。做妻子的人，如果想要打扮得同样漂亮，是毫无问题的，如果你要嫉妒其他的女人，倒不如花时间把自己打扮得同样时髦和迷人。

大部分男人都会喜欢长得漂亮的女孩子，而不欣赏乏味与不具吸引力的女人。因此，当你的丈夫对漂亮的女秘书或合作伙伴表示欣赏时，是一种很正常的现象，就如同你会对英俊而又风度翩翩的男人产生好感一样。在繁忙紧张的工作环境中，有个美丽的事物，总是会使人的疲倦减轻一些。别把你的丈夫想象成一头野狼，对每一个漂亮的女人都瞪大了它贪婪的眼珠。

有许多妻子会嫉妒丈夫身边的女秘书，她们认为女秘书的工作太轻松了！她们整天只是打扮得漂漂亮亮，坐在舒服的办公室里，处理一些琐碎小事，居然还领着丰厚的薪水！

这些妻子所不知道的是，这些女秘书不仅没有固定的休息时间，还得像家庭主妇那样辛苦工作。她们得时刻根据老板的需要调整自己的作息，比单纯做一个妻子要累得多。

现在有许多既是妻子又在外工作的女人，她们能够体会这种工作中女人的心态。工作就是工作，很少有人能在繁忙的工作时间想那些风花雪月的事情。

不随便支使他人

就算你的丈夫是总裁，也不要随便支使他的女下属。这样做的结果不是建立你的权威，而是使你丈夫丧失威严。因为她们是为你丈夫工作的，而不是为你。

如果老板的妻子让女下属去帮她排队买票或是做其他类似的杂务，她们通常表面上不好意思拒绝，但在心中却留下了不好的印象。为老板工作是她们份内的事情，但为老板的妻子工作，并不在她们的职责范围内。

因此，不要在丈夫的女下属面前摆出高人一等的姿态，她们并不是非要留在你丈夫身边工作不可。失去优秀的女下属，只会为你丈夫带来损失，对她们来说反而是种解脱，因为她们从此不会再受你的任意指使了。

与女秘书愉快相处

女秘书是你丈夫事业中不可缺少的得力助手。从某种方面来说，女秘书能帮助你分担促进丈夫事业发展的工作，因此你与丈夫的女

秘书要进行良好的合作。

要与女秘书保持良好的关系，妻子的态度至关重要。要对女秘书在事业上对你丈夫的帮助表示感谢，打通电话亲切地表示谢意，或是送一件细心挑选过的小礼物，都会使她感受到你的友善。

与那位在工作中与你丈夫接触最为频繁的女人保持良好的关系，也会让你掌握更多关于丈夫的情况。

有一位勃兰克太太，她的丈夫是一家大型房地产公司的会计主任，她与丈夫的女秘书相处得十分融洽。因此，每当她的丈夫在事业上遇到麻烦的时候，她都会接到丈夫的女秘书打来的电话。

"我想你一定希望知道，勃兰克太太，"女秘书说，"现在政府的税务人员整天都在我们这儿，勃兰克先生受到了很大的精神压力。接下来的四五天，我们将会忙于整理公司的账目。我所能做的也只是让勃兰克先生中午时休息时间长一些，以便能好好地吃完三明治。"

于是当勃兰克先生回家的时候，勃兰克太太就会特别耐心和机敏。她取消了所有不必要的社会应酬，提早下班回家，特别用心地为丈夫做好晚饭。在丈夫特别忙的日子里，勃兰克太太都会加倍费心地照料着丈夫，帮他度过这段辛苦的日子。

正因为勃兰克太太与丈夫的女秘书能愉快地相处，才能配合得如此巧妙。你与丈夫的女秘书同样也应成为丈夫的共同盟友，而不是相互攻击的敌人。

第十章

鼓励丈夫经常"充电"

女人的要求是男人所能达到的最大高度。女人要求越高，男人的上进心就越强；女人一无所求时，男人就彻底丢掉了上进心。

——约翰·戴维斯

你的丈夫已经做好升级的准备了吗？如果还没有，他目前正在为升级做些什么努力？作为他妻子的你，为他的升级又做过多少努力呢？

如果你的丈夫压根儿没有升级的打算，过着满足于现状的日子，你就该反省一下自己了：是不是对他的要求太低了？要知道，男人前进的动力来自女人的要求。

"充电"改变命运

男人想要出人头地的主要方法就是要不断地学习进步。许多功成名就的人都是利用业余时间不断学习才有所成就。

查理斯·C·佛洛斯特本来是佛蒙特州的一名鞋匠，由于他每天都利用1个小时的时间来学习，最后成为了一位著名的数学家。约翰·韩特是个木匠，他利用工作之余研究比较解剖学，每天晚上他只睡4个小时，终于成为了比较解剖学的权威学者。忙碌的银行家约翰·拉布克爵士，也在休闲的时间为自己"充电"，从而成为了著名的史前学专家。

类似以上这种例子还有很多，如果他们对现状都感到满足，就不会有如此巨大的成就了。如果安于现状，只是为了领取薪水而不再有上进心，这种人在竞争激烈的社会中，只会遭到淘汰。

做妻子的应该了解，没有人是天生就能成功的。即使有些男人运气很好，在结婚以前就有了良好的事业，但随着时代的发展和社会的进步以及竞争对手的增强，他们仍然需要不断地为自己"充电"获取更多的知识与能力。

有更多的男人并不是那么幸运，他们需要付出更多的努力来得到理想中的高位。但这并非是不可能的事情。只要他们愿意训练自己，培养更多的能力，他们就不会永远停留在低层次的工作上了。

海威希就是这样一个懂得自我培训重要性的男人。他在刚踏入社会的时候，在堪萨斯城一家贸易信托公司当小职员。后来他移居到俄克拉荷马州的马歇尔市，进入谢尔石油公司做事。不久，他与市长的女儿爱琳·英格相爱，并且结了婚。

然而，随着经济大恐慌的到来，海威希和其他人一样被解雇了。由于他受过的训练与经验都不够，除了书记员的工作能做，其他的都不能胜任。而这种书记员的工作在当时是没有空缺的，于是他只好接受了他当时所能担当的唯一一件工作——为石油管工程挖壕沟。

海威希并不满足于现状，他要想办法改善生活。在妻子爱琳的帮助下，他经营了一家小型高尔夫球场，生活勉强有所提高。后来有个会计工作的机会出现在他面前，他决定要抓住它。

虽然海威希对会计工作是一窍不通的，但他知道通过学习可以使他获得这些知识。于是他利用晚上的时间上夜校去学习会计课程。这是他所做过的最聪明的一件事了，因为这些课程不仅使他得到了工作，还使他的薪水在工作中得到了加倍。

尝到了学习带来的好处，海威希又进入了杜尔沙大学夜间部的法律系上学。他在 4 年内修完了所有课程，得到了学位，并且通过

律师鉴定考试而成为了合格的开业律师。

　　但是他仍然不满足，所以又回到夜间部上课，准备参加会计师鉴定考试。研究高等会计3年多以后，他又学了一项公众讲演的课程。这么多年来的夜间部教育已经使海威希的薪水比12年前挖壕沟时增加了11倍！

　　如今，海威希除了在自己的律师事务所工作外，还在俄克拉荷马法律和会计学校授课。海威希的故事告诉所有的妻子：一个男人要通过不断地努力学习才能获得成功，这也是任何一个愿意付出时间和努力的男人都可以做到的。

　　因此，当丈夫努力于研究、学习以争取更好的职位时，做妻子的应该极力支持。要知道，丈夫的努力上进是为了使你能过上更好的生活。

付出会得到成功的报答

　　对一个男人来说，整天工作，并且要连续几年每天晚上学习"充电"，并不是一件轻松的事情。他最需要的就是从家里得到所有的鼓励，以支持他不至于半途而废。

　　对于不断学习来说，你的丈夫也会感到厌倦和失望，并且因为怀疑这些努力的价值而感到痛苦——这些努力也许看起来像是在浪费时间。这时，做妻子的应该给予丈夫支持，让他了解学习的重要性，并且坚信这些努力都不会白白浪费！

做个好妻子不容易，尤其是在丈夫需要专心学习时，妻子就必须学会如何独处，以便为丈夫提供安静的学习空间。

最聪明的办法是，做妻子的也同样要拟订一个学习计划，以用来消磨时间并充实自己。如果条件许可，做妻子的也可以和丈夫参加同样的训练课程，使自己能更有效地帮助丈夫。你也可以学习一些与丈夫所学相关的科目，以弥补丈夫知识上的不足，或许你更喜欢学习一些纯粹为了兴趣的知识。

无论如何，有了一个学习计划，你就不会因为丈夫不在你身边而感到寂寞孤独了。

如果你的丈夫正在花费他大部分或全部的业余时间改进他的机遇，争取成功，你也不能平白浪费这些独处的时间。你应该把这些时间有效地利用起来，作为一个提高自我的好机会。

在学校里获得了学位并不意味着你的丈夫已经完成了所有的教育，他如果想做好每件事，就必须在一生中用各种方法不停地学习——你也同样如此。

最重要的是，妻子必须了解，如果丈夫想在社会上占据较好的地位，就必须不断地对自己进行教育。

丈夫花费在培训上的时间和金钱，都是对家庭前途的一种投资。

不要怀疑丈夫的这些付出是否能有所回报，这个世界仍然是属于那些自强不息和奋斗不止的人，只要加上你的支持和鼓励，你的丈夫也能够成为这种人。

男人想要更优秀，就会想到扩展自己的知识和才能。美国驻联合国大使欧尼斯·格罗斯，有天晚上在宴会上无意间提到，他正在

参加一个夜间部的连续课程——以便更有效地处理他所收到的大批信件。这令在场的所有人都感到震惊和钦佩。

所以，如果你的丈夫正在做"学生"，你应该为此感到高兴，并且还要鼓励他继续努力。这样做将会大大增加他成功的机会。不要对丈夫所做的任何努力表示怀疑，因为所有的一切终将会得到回报。

当你和丈夫对持续努力学习的价值感到怀疑时，记住已故哈佛大学校长Ａ·芬伦斯·洛威博士的这段话："只有一种方法能够真正地训练一个人，就是让这个人主动地运用头脑。你可以帮助他，可以引导他，可以暗示他，甚至是激励他。但只有他通过自己努力得到的东西才真正具有价值。而他所得到的成果，必然与他所付出的辛劳成正比。"

第十一章

共同面对生活的挑战

情爱可以抵得住凛冽的自然风暴，却抵不住长时间漠然的极地霜雪。

——保罗·李斯特

许多女人都认为，在婚姻生活中，丈夫应该肩负起所有的责任，无论他们的处境是好是坏。然而她们忘了，夫妻是共同生活在一起的，无论处于什么样的环境中，都要共同面对生活的挑战。

付出你的努力

由少女变成妻子，并不仅仅意味着从此你有了舒适的生活和足以信赖的人，还意味着你必须承担起更多的责任。踏入婚姻生活后，你的想法和行动就不是你一个人的事了，而是你们共同的事了。

尤其是在困难的时候，正是考验夫妻感情的关键时刻，许多夫妻都因为只能同甘不能共苦而最终走向分离。作为妻子来说，在丈夫遇到困难的时候，绝对不能袖手旁观。

约瑟夫·艾森堡是个幸福的男人，因为他有一个在困难时与他共同承担的妻子。

约瑟夫·艾森堡在一家洗衣店当了25年的送货员后，突然间被解雇了。对于一个没有受过特殊训练的人，想要再找个合适的职位是很困难的，尤其是对中年人来说更为不易。当艾森堡夫妇正在为找不到工作发愁时，他们得到了一个机会。有家面包店要出售，价钱还算合理，但是投资却要用尽他们所有的积蓄。

艾森堡太太知道，这是艾森堡重新站起来的机会，于是她大力支持丈夫买下了这家面包店。艾森堡太太知道，这只是克服困难的开始而已。她知道，在生意还没有稳定之前，他们是没有能力雇人帮忙的。于是她积极地帮助艾森堡先生拓展业务。

那时候，除了做家务活以外，艾森堡太太必须在面包店里长时间工作，以便随时有人招待客人。除了打扫、洗衣、做饭，她每天还要在面包店里站上8~10个小时——这些辛劳足以使任何一个女人感到泄气和厌烦。

"但是，"艾森堡夫人说，"我很高兴做这些事，因为这表示我和丈夫是可以共同面对困难的。我不想做一个只会寻求庇护的女人，我能证明我也可以撑起生活的责任。如今，我们的面包店已开业5年了，生意相当好。我们的努力有了收获，我们的生活得到了很大的改善。我感到很骄傲，因为我也付出了努力。"

同样，这里还有另一位妻子，也在为自己的家庭付出努力，她就是威廉·R·柯门太太。

柯门太太是一名护士。当她嫁给比尔·柯门的时候，比尔还是个穷小子。为了使生活得到改善，比尔白天工作，晚上到大学里继续深造。为了使丈夫能安心学习，柯门太太作出了极大的牺牲，甚至在生下小女儿的那个晚上，她仍然坚持让比尔去学校上课。

在3年中，比尔从没有错过晚上的任何一堂课，他也终于在母亲、妻子和女儿骄傲的注视中得到了毕业证书。

后来比尔的父亲去世了，比尔和妻子的负担就更重了，整个大家庭的重担都落到了比尔身上。柯门太太并没有袖手旁观，而是积极地行动起来。为了减轻丈夫的压力，她除了白天做护士工作，每

个晚上和周末，她还在一家印刷厂里当助手。

"我很快活，"她向她的朋友说道，"这是实话。虽然现在生活苦了一点，但我在付出努力时感到与比尔更为贴近了。我能理解他，他也更加疼爱我。如果我们继续这样努力下去，生活将会很快得到改善的。"

分担生活的压力

在你与丈夫的共同生活中，总会碰到生活里的某些危机，例如欠债、疾病，或是丈夫的失业等。如果你是位职业妇女，这种问题就比较容易解决，因为至少这时你们家庭里还有一份稳定的经济来源。但如果你一直是位从未工作或很久没有工作的家庭妇女，在这个时候，也该是你"挺身而出"的时候了。

任何一个女人都不要低估自己的生活能力，在任何困难面前，女人都可以表现出与男人同样甚至更多的勇气和坚韧。

玛格丽特·史坦太太就在困难时拿出了她平常隐藏起来的魄力和能力。史坦太太原本是位幸福的家庭妇女，她与她的丈夫和5个孩子住在新泽西州，过着宁静而和谐的生活。

然而，突如其来的一场重病，使史坦先生这个家庭支柱倒下了，他没有办法出去工作养家了。这时，生活的重担都压到了史坦太太的身上。

开始时，史坦太太表现出慌张与无助，因为她几乎从学校毕业后就直接进入了家庭，她不知道怎样面对生活的压力。但她看见重病在床的丈夫和 5 个需要照顾的孩子，勇气从心中油然而生，她知道，如果她退缩不前，整个家庭就毁了。

史坦太太很快开始思索怎样才能解决家庭的经济问题了，她对于办公室的工作毫无经验，也没有其他特殊的能力。她做得最好和最喜爱做的事情就是特制餐点：小孩子的生日点心、结婚蛋糕、宴会甜饼。从前她常常替朋友们免费做一些特别的餐点，而现在她决定用这门手艺来换取收入。

玛格丽特·史坦把心里的想法告诉了她的朋友们，于是每当朋友们开宴会的时候，都特地请她去做，她做得精致而又独特的餐点十分可口，很快就受到了大家的赞赏，更多的订单因此源源不断地涌来。

由于所有的餐点都是在她家的厨房里做的，因此她的丈夫和孩子还可以来做她的帮手。后来，生意愈做愈大，玛格丽特就成为了一个专办酒席餐点的人，并且还担任了宴席顾问。

如今，她的生意已经发展到必须雇用两名长期助理的程度了。她把自己最受欢迎的开胃菜经过加工包装，送到冷冻食品市场去卖，并且为周围 50 里内的宴会准备餐点。

玛格丽特·史坦从未想到自己也能为家庭作出这样大的贡献，她的自信心得到了加强，同时也更能体谅丈夫以前的辛劳了。史坦先生身体恢复后，开始与他的妻子合作共同创业了。

"我讨厌价钱、成本和开账单，"史坦太太说，"我忙于创造新的方法，来准备供应我的特制餐点。让我的丈夫来照料所有生意

上的其他事情真是一件美好的事，我们合作得好极了！"

　　你与你的丈夫都无法预料到将来会发生哪些困难和压力，但是，你们至少可以做好心理准备并达成共识。那就是：无论遇到多大的困难，你们都要拉起手共同面对和克服。

第十二章

和丈夫一起适应新环境

真正的爱情是两个人永不分离地相处，因为任何感情都会随时空的距离而消散。

——理查德·安德森

没有夫妻能在长久的分居生活中保持炽热的爱与宽容。夫妻感情需要在共同的、长久的相处中一点一滴地积累，需要时间的沉淀。

如今，随着国际趋势的加强，有不少男人在工作时会有地点上的变动。这时，女人与事业的矛盾就成为男人最头疼的问题了。有不少女人不愿离开她所熟悉的环境和工作，因此选择与丈夫分开生活。这种做法是危险的，通常会使丈夫逐渐与自己疏远。

"为什么要我作出牺牲呢？"你也许会愤愤不平。你认为放弃目前的环境与工作是为丈夫的牺牲，但你有没有考虑到，当丈夫有更好的工作机会时却被你扼杀了，他只能束缚在你身边毫无发展，这才是你们婚姻生活的最大危机。每个女人都要明白：事业才是男人的第一生命。那些把爱情放在第一位的男人，通常是没有什么成就的，并且也不容易受到女人的青睐。

难道你不希望丈夫有更好更广阔的发展空间吗？难道你希望你的丈夫只是个胸无大志的小男人？如果你全心全意地爱你的丈夫，就应该跟随你丈夫的脚步，毕竟这只是个适应环境的问题，而不是需要你付出生命。

当然，面对全然陌生的环境从头开始，确实需要很大的勇气。但如果你不愿失去你的丈夫，你就必须拿出这种勇气。弗吉尼亚州诺福克市的雷伦德·克西纳太太就具备这种勇气。

克西纳太太深爱她的丈夫，因此在丈夫服役时毅然决定跟随丈夫的脚步。当然，她对这种生活是深有感触的，她在接受一家杂志社的采访时说：

"两年前，我的丈夫受到征召要到海军去服役。离开我们新近布置好的家，带着我的小儿子跑遍全国各地，这个念头看起来似乎糟透了。未来的两年看起来似乎是一片惨白。当我跟着丈夫迁移到第一个驻地的时候，深信我将过得很伤心。

"但是如今，我们已搬过好几次家了。我觉得过去的想法真是太孩子气，太娇生惯养了。我丈夫马上就要退役了，我们正计划要永久定居下来——我们都希望如此。虽然我对于未来的日子感到这么激动，但我必须承认当我要告别目前这种生活方式时，我还是有点伤心的。

"过去的两年里，我感到很愉快。不仅是因为我和我的丈夫在一起，也因为我已经学会了解和生活在许多不同类型的人群之中。我已经学会了容忍和了解那些与我不同类型的想法和做法。当某些我所盼望的事情落空的时候，我也学会了忽视这些日常生活里的小烦恼。

"我更加深切地了解到，一大堆器具并不能造就一个快乐的家庭。快乐的家庭更需要的是爱心、谅解和温暖，并且在任何情况下都要尽量与所爱的人待在一起。"

克西纳太太的话值得每个希望家庭更快乐的女人深思。如果你目前也处于克西纳太太相似的情况，需要与丈夫一同到新环境中去，下面三个建议值得你采纳：

别对新环境期望太高

许多不满意新环境的人大部分是因为对环境的期望太高。但往往期望越高，失望也就越大，因为每个环境都存在着不可避免的缺陷。

你要认识到环境与人一样，都是不相同的。适应环境最好的办法就是保持平常心，别抱太大的希望。这样一来，当你发现新的环境中有你喜爱的东西时，就会感到意外的惊喜。

多一点适应时间

别指望你能在 3 天内就在新环境中如鱼得水，适应环境是一个长时间的问题。你不能只在新环境中待了 24 小时，就对丈夫说："亲爱的，我实在无法忍受这里！"这不叫适应，而是逃避。

多给自己一点适应时间，努力学习与不同的人打交道，你就会发现其中的各种乐趣。

抱怨无济于事

如果你跟随丈夫迁到了一个新地方，所要做的第一件事就是让你自己融入新的朋友中去。与其抱怨你所不喜欢的事情，还不如设法去改变它们。

如果你无法改变环境，那就改变你自己！因为在这个世界上，没有十全十美的地方。

罗勃特·瓦特森太太和她的丈夫已经住遍了世界的各个角落，因为她的丈夫是卡特尔石油公司的地球物理专家。瓦特森夫妇和他们的4个小孩，曾经在世界上最荒凉遥远的地区住过，但是他们却能过得舒服快乐。很难找到比他们更幸福、更和谐的家庭了。

瓦特森太太认为，适应新环境是件有趣的事情。"调职的命令一下来，我就可以马上整理好全家的行装准备出发，"她说，"我们家里每个人都发现，这世界上的任何一个地方都可供我们学习、享受和成长——如果你用心去找寻它们的话。"

"例如，当我们住在巴哈马群岛的时候，我们听说有个世界著名的潜水冠军正在那里教人潜水。这是我女儿苏西的一个大好机会，她热爱潜水，并且现在找到专家来指导她了。

"结果苏西进步很快，并且在潜水比赛中得了奖。如果我们住到别的地方，也许就不会得到这个好机会了，适应的最好方法，就

是在那个陌生的地区，利用最佳的机会多多获取新的知识，而不是抱怨这里的环境多么糟糕。"

如果你也必须和你的丈夫跑来跑去，那么你该记得瓦特森太太的建议：少些抱怨、多些快乐。

第十三章

让男人安心工作

家庭的快乐是所有志向的最终目标，是所有事业和劳苦的终点。

——理查德·科克

当男人对工作以外的任何事情都变得又聋、又哑、又瞎时，你就应该意识到，他们是全身心地投入工作中去了。

做妻子的应该明白，你并不是丈夫的全部，他同样需要工作上的成就感。因此，在丈夫全心工作的日子里，你应该静静地做你自己的事，而不是在丈夫身边唠叨和抱怨个不停。

那么，做妻子的在丈夫忙碌工作的期间，怎样轻松地度过这些日子呢？下面的建议可供妻子们参考。

照顾好他的身体

有健康的身体和充沛的精力，男人才能在工作上进行拼搏。因此，在男人特别忙碌的日子里，女人要照顾好他们的身体健康。

如果你丈夫必须抢时间迅速吃完晚餐，并且工作到很晚，你就试着在他拖着疲惫的身子回到家的时候，为他准备好容易消化的小点心。苹果、果汁、蛋糕、沙拉、芹菜和胡萝卜，这些东西都很容易消化，并且含有他所需要的维生素。

如果你丈夫必须工作到很晚，就不要在他整夜工作之前强迫他吃许多不容易消化的东西。多看些营养方面的书，多为他准备一些增加体力的食物。

替自己安排一些娱乐计划

在丈夫忙碌的时候，尝试做一些你以前没有时间做的事情：参观几家画廊，听听音乐会，参加一个自修课程。

更重要的是，你还有自己的工作。何不在丈夫忙碌的时候，调整一下自己的工作进度，多做些工作。这样，你也许可以和丈夫同时忙完，从而有时间共度一段休闲时光。

让你的丈夫知道

让你的丈夫知道你对他的工作是支持和鼓励的，并且告诉他可以暂时忽略你的事情，同时你也需要离开他忙自己的工作。这会使你丈夫集中更多的精力应付目前的困难，同时也会更加感激你的体贴和支持。

提醒你自己这只是一个暂时的现象。把丈夫忙碌的时间当作对自己的一次放假，一个你可以重新与老朋友接触的日子。想想单身自由的快乐吧，并且你要相信：当你丈夫忙完后，你们将可以过着犹如第二次蜜月般的甜蜜生活。

世界上最有魅力的妻子

第十四章

男人是很难改变的

只有不平凡的女人，才嫁得起不平凡的丈夫。

——山姆·瑞得

每个女人在嫁给她所爱的男人前，都要认清这样的事实：男人是很难改变的。所以，不要有类似"我婚后会让他为我改变"这样的想法。男人婚前什么样，婚后也会同样如此。

所以，在嫁给这个男人前，你首先得问自己："我打算忍受他的这些生活方式吗？"如果不能忍受，你最好不要嫁给他。认为自己能改变男人这种想法是愚蠢的，因为这会严重影响你的婚姻生活。

有一个女人，强迫她的丈夫放弃了他心爱的工作，因为她没法忍受他每天晚上工作的现状。她的丈夫在一个著名的管弦乐团里演奏小提琴，不仅很爱自己的工作，并且薪水也很丰厚。他们的音乐会常在晚上举行。

然而，在他太太的强烈要求下，这位丈夫还是放弃了乐团的职位，找了一个推销员的工作。他做着他完全不喜爱的工作，所赚的钱也比以前少得多，因此心情渐渐变得抑郁起来。当他的太太沾沾自喜地认为自己改变了丈夫的时候，却没发现他们的婚姻已出现了严重的危机。

你不可能从根本上改变一个男人，因此，要尝到婚姻美满的滋味，你必须适应他的工作和生活方式。

融入丈夫的生活

聪明的女人都知道，要完全地把握一个男人不是靠征服，而是靠融入。当女人完全地融入男人的生活中去时，他们就已经是密不可分的了。

所以，不要羡慕那些名人的妻子，因为她们为此付出了巨大的努力。她们所承担的不仅仅是穿着名家设计的服装，在照相机面前摆出迷人的笑脸，也要为融入丈夫的生活付出更多的东西。

罗威·汤姆士的妻子就可以告诉你成为一个名人的妻子要付出多少努力。罗威·汤姆士在国际上很出名，他的事迹可以说是与天方夜谭的故事一样神奇。罗威·汤姆士在喜马拉雅山上所待的时间和他在新闻影片、摄影棚里所待的时间一样多。

法兰西丝——罗威·汤姆士的妻子，是个了不起的女人，也只有她能忍受罗威·汤姆士的工作和生活方式。因为法兰西丝能够像一只变色蜥蜴那样，随时随地地根据丈夫的需要而改变自己。

当汤姆士飞遍世界各地演讲时，她会为他充当旅行中的助理经纪人，帮他处理来自各地的邮件和邀请。

回到美国后，法兰西丝又成了美国最忙的女主人。她还要忙着招待不断前来拜访汤姆士的大人物，包括探险家、飞行员以及其他许多杰出人物。汤姆士家的周末常常会因为有50~200位宾客的参

加而显得热闹非凡。

当丈夫出外远征的时候，法兰西丝就必须忍受更多忧虑。例如在第一次世界大战后的德国革命时期，她从报社电话里听说她的丈夫在采访一场枪战时受到了致命的伤害，而她却只能远在巴黎等着消息。

还有一次，罗威·汤姆士经过一处山区时受了重伤。他被当地人背在肩上走了 20 多天才安然地离开了山区。在所有这些受尽精神折磨的日子里，法兰西丝却独自承受着害怕失去丈夫的恐慌。

这种精力充沛又爱冒险的丈夫你能忍受吗？你能独自承受丈夫出名背后的各种压力吗？所以，做一位名人的妻子并不是件轻松愉快的事情。如果你现在能适应丈夫的工作和生活方式，那你是幸福的，因为你已能够解决生活所带来的困扰了。

忍受丈夫工作的不便

必须在不固定的时间工作的男人都需要一个能够适应他的妻子。比如计程车司机、飞行员、铁路员工，这些从事特别行业的男人都需要妻子能够忍受丈夫职业所带来的不便。

如果你不想忍受，恐怕就只能换个丈夫了。但你要知道的是，就算是州长的夫人也必须忍受丈夫职业所带来的不便。

马里兰州的州长夫人席尔德·麦凯丁夫人同样要忍受丈夫工作

所带来的困难和不便。原本他们的生活是宁静而有规律的，但自从她家搬进州长官邸以后，整个生活都改变了。

麦凯丁州长开始早起晚睡，并且整天忙着处理公事。由于丈夫常常为重要的事忙得毫无空闲，麦凯丁夫人都很难见到他一面。

只有在陪着丈夫旅行，或是到城外演讲的时候，麦凯丁夫人才能消除这些困扰。

"我们发现，在那些旅途中一起享受到的乐趣比那些有许多时间在家里共处的夫妇还要多。因为我们不常见面，所以我们都很珍惜这些宝贵而难忘的旅行经历。我也只有在这时候才能得到丈夫的全部关注。"

因此，如果你丈夫的工作很不平常，并且会带来一些不便，你就应该接受它，并且设法改变。如果你仅仅因为不喜欢丈夫的工作而离开他，那将会是你最大的损失。

改变自己要远比改变别人容易得多。这世上从来没有、也将不会有十全十美的丈夫和工作，与其羡慕别人，不如自己也努力学着快乐生活。

每种生活方式都有它的优点和缺点，那些时常抱怨生活缺陷的人，即使拥有最理想的生活环境，也是不会满足的。

世界上最有魅力的妻子

第十五章

对丈夫要有足够的爱心

每个妻子能送给丈夫的最美丽的礼物就是无穷的耐心与包容。

——马克·瑞泰

　　如果丈夫必须待在家里工作，这对每一位妻子来说都是一大考验。想想看，她必须踮起脚尖，静静地在丈夫工作的隔壁房间里行走；也必须接受丈夫的请求，关掉吵闹的电视或吸尘器；她甚至不能经常邀请朋友到家里作客，因为这会妨碍丈夫的工作。

　　"这太可怕了！"你也许会这么想。但没有办法，婚姻本来就是两人协调适应的过程。如果你对你的丈夫有足够的爱心，时常保持良好的心情，并且下定决心去适应，你就会觉得这种情况并不像想象的那么可怕。

　　如果很不幸你的丈夫也必须在家里工作，那么看看凯瑟琳·吉里斯的例子吧，这对你可能会有所帮助。

　　凯瑟琳·吉里斯的丈夫唐·吉里斯是个作曲家，也是 NBC 交响乐团广播音乐会的制作指导。唐·吉里斯是位成功人士，他的交响乐作品曾被美国和欧洲许多著名的交响乐团演奏过，甚至他的乐曲也被像亚瑟·费德和阿图罗·托斯卡尼尼这种大师指挥演出过。

　　唐·吉里斯在谈到自己的成功时，无不感激地谈起了妻子凯瑟琳的重要支持，因为他大部分的音乐作品都是在家里完成的。

　　虽然唐·吉里斯在家里有一间书房，但他却更喜欢在餐厅的桌子上写作。温柔、娴静的凯瑟琳对此却并不在意，正如她所说的，他只不过是在她身边工作而已。此外，她还要关照两个吵闹的小家伙，如果他们太吵了，她就叫他们去做一些需要安静思索的游戏。

像许多艺术家那样，唐·吉里斯也受到了预算和家庭经济的困扰，所以凯瑟琳也是丈夫职业性的业务经纪人。

她帮助丈夫决定要接受哪一个合约，家里应该节省多少钱以及要如何增加收入。当唐·吉里斯需要一套新衣服的时候，当然也要靠他的太太来提醒，并且帮他去订做。

凯瑟琳·吉里斯在如何对待在家里工作的丈夫方面很有经验，因此，她提出了几个帮助丈夫在家里有效工作的简单原则。

尽可能给他自由空间

尽你的能力使他觉得舒服，然后放下他去做自己的工作。暂时先抑制你想要进去看他的冲动，过一会儿再去探视他的工作进行得如何。

不要打扰他

在他工作的时间不要去打扰他。不要让他去开门，照顾小孩，或付账给送货人。你应该自己去做这些事，就像他不在家时那样。除非这幢房子烧起来了，否则不要去打扰他！

保持平和

当他的工作进行得不太顺利的时候，他很可能会烦躁和不安。你不能因此也变得心慌意乱。保持平和的心情，因为你需要帮他，帮他恢复冷静而温和的心情。

减少家中的聚会

　　要充分考虑到他的工作时间来安排你的社交计划。除非你家的房子大得足够把他完全隔离开来，否则你就不可以在他想要工作的时候在家里招待你的朋友们。

和他一起协调安排时间

　　和他一起做好工作时间的安排，让孩子们也有时间痛快地做游戏而不会被制止。正常而健康的小孩子不可能从早到晚都能保持安静。一个负责任的男人当然要兼顾妻子和孩子的利益。只有大家的权利都受到重视，生活才会更快乐。

世界上最有魅力的妻子

第十六章

以丈夫的事业为重

只要有必要，我愿意为丈夫放弃我的事业，因为他就是我的"终生职业"。

——凯丽·多萝斯

如果你有自己的工作或职业，然而，放弃它可以带给你丈夫更多的好处，你愿意为此而放弃吗？

这个问题放在任何一位爱自己工作的妻子面前，都会让她们难以回答。希望每个女人都不会碰到这样的选择，因为工作对女人来说，也是一件相当有成就感的事情。但如果一个女人必须要对此作出选择的话，她就必须衡量一下两个人的发展前途了。

如果你丈夫的事业确实需要你放弃自己的工作，并且他又有很广阔的发展前景，那么以丈夫的事业为重，也不失为一个明智的选择。凯蒂·威妮就是如此选的。

美丽大方的凯蒂·威妮是著名探险家卡维士·威尔斯的太太，在她认识她丈夫之前，已经拥有一份她十分重视的职业了。

凯蒂是个成功的广播讲演经纪人，在业务上与许多名人的接触使她得到了许多乐趣。卡维士也是因为业务关系和她认识的。婚后，凯蒂准备继续从事使她着迷的工作，并且保持独立自主。

然而，当卡维士要到土耳其爬阿拉特山时，凯蒂发现她无法自己留在家中工作。"就这一次和他去好了"。她这样告诉自己。于是他们就共同出发去探险了。

当凯蒂回到自己岗位以后，她发现自己从事的工作与这次的探险经历比起来，简直不值得一提。于是在一年半以后，她又和卡维士一同前往墨西哥，去爬帕帕卡提白特尔山。

这又是一次严酷的体能考验，凯蒂大部分的时间都是在寒冷、饥饿、疲惫和极度的惊吓之中度过。虽然如此，但凯蒂同时也领会到了探险乐趣。

山峰上冰凉的冷风吹走了凯蒂坚持要独立工作的最后一丝念头。她了解到，身为卡维士·威尔斯的妻子，是比在自己的工作上有所成就更大的成功，也更有价值。因此，当他们从墨西哥回来以后，凯蒂就关闭了自己的办公室。

她现在有时间跟着她的丈夫到地球的任何一个角落了。马来半岛的丛林、非洲、日本、冰岛、喀什米尔山谷——游历各地的威尔斯夫妇的生活就像是一部精彩的游记。

凯蒂说："从前，我认为拥有自己的事业是最重要的。但我现在改变了这种观念，因为与卡维士共享的丰富经历比我当初的工作有趣得多。我把我的工作与卡维士的合并起来，和他共享胜利和成功。每当失望和麻烦来临的时候，我们也一起面对它们。"

对每个女人来说，帮助丈夫成功就是她的"终生职业"。不管是以前还是现在，这个观点都是适用的，除非这个女人不愿结婚。

因为一个女人如果把她的努力和注意力放在自己的职业上，就不会有时间照顾和帮助他的丈夫了。虽然每件事情都有例外，但对于大多数女人来说，最终还是会选择以丈夫的事业为重，只有这样，婚姻成功的机会就会更大。

与你信任的人探讨你的问题

去年秋天，助手乘飞机去波士顿参加一次不同寻常的医学实验，这次实验的目的是治疗一些因忧虑而得病的人。病人中的大多数是精神上出现了问题的家庭主妇。这个实验的学科就是应用心理学。

1930 年，约瑟夫·普雷特博士——威廉·奥斯勒的学生，发现了一个问题：许多来波士顿医院求诊的女患者并没有生理上的问题。有个女病人的两只手由于"关节炎"的侵害而无法活动；另一位患者因为某种类似"胃癌"的症状而痛苦不堪；至于其他患有头疼或腰疼的病人，都被病痛长期折磨，无法痊愈。然而，当这些病人经过彻底的医学检查后，发现这些妇女的生理状况完全正常。于是，医生诊断说："这是她们大脑中的病。"

但约瑟夫·普雷特博士却认为，仅仅只让她们"回家去把这件事忘掉"是不会奏效的。于是他开了这门"应用心理学"的实验班，希望帮助她们根治心理上的疾病。

对他这种做法，最初医学界也抱一种怀疑的态度观望，但结果却有意想不到的效果。这个班开设 18 年来，有成千上万的人在参加实验后"痊愈"。有些病人连续到这个班上了几年的课，几乎像上教堂一样虔诚。那个助手曾和一位上了 9 年课的妇女谈过。她说她刚来时深信自己得了肾炎和心脏病，这使她忧心、紧张，最后甚至发展到会突然看不见东西，于是她转而害怕自己会双目失明。现在她身体状况良好，已经有了孙子，而她看上去只有 40 多岁。

她说："那时我几乎想一死了之，可在这儿我懂得了忧虑对人的害处，并学会了怎样消除忧虑。现在我可以说，我的生活太幸福了。"

这个班的医药顾问罗丝·海芬婷大夫认为，减轻忧虑最好的药就是"跟你信任的人探讨你的问题"。她说："我们把此称作净化作用。病人到这里来的时候，可以尽量与她们一起讨论，直到把那些问题完全清除出她们的脑子。一个人埋头忧虑的时候会造成精神上的障碍，你应该让别人分担你的难题。同时，你也得分担别人的忧虑。你需要感觉到世界上还有人愿意听你的话，也愿意了解你。"

那位助手亲眼看到一个妇女在说出心里的忧虑之后，体验到的那种从未有过的解脱感。这名妇女总为家务事烦恼，而在她最初发言时，紧张得就像一个被压紧的弹簧，但随后她一边讲，一边渐渐地平静下来了。等到讲完了之后，她居然露出了微笑。她的这些困难是否已经得到了解决呢？没有，事情当然不会这样简单。但她之所以有这样的改变，是因为她在和别人交谈的过程中得到了忠告和同情。真正促使其转变的是具有治疗功能的语言。

从某个方面来说，心理分析专家就是以语言的治疗功能为基础的。从弗洛伊德的时代开始，心理分析专家就知道，只要一个病人能够说话——仅仅只要说出来，就能够解除他心中的忧虑。为什么呢？也许是因为说出来之后，你就可以更深入地看到问题所在，能够想出更好的解决方法。没有人知道确切的答案，但是无论谁都知道"吐露一番"或是"发发胸中的闷气"，就能立刻使人畅快许多。

因此，当你再碰到什么情感上的难题时，就去找个人倾诉一下。当然，不是随便到哪儿抓一个人，就把你心里所有的苦水和牢骚说给他听。你要找一个值得信任的人，约好一个时间。也许是你的亲属、一位医生，或者是律师……然后对那个人说："我有个问题，我希望你能听我谈一谈，你也许可以给我一点忠告。旁观者清，我想你可以给我提供一些不同的意见。当然，即使你不能做到这一点，只要你肯坐在那里听我谈谈，就等于帮了我很大的忙了。"

如果你确实找不到一个人可以倾诉的话，还有一个所谓的"救生联盟"可以帮助你。这个组织和波士顿那个医学课程完全没有关联，但它却是世界上最不寻常的组织之一，它的组建就是为了防止可能发生的自杀事件。现在，它的服务范围已经扩展到给那些情感方面有所需要的人以精神上的安慰。

波士顿医院的治疗良方

把心事说出来，这就是波士顿医院最主要的治疗方法。下面是这种治疗方法的一些基本概念：

1. 准备一本"提供灵感"的剪贴簿，你可以在里面贴上自己喜欢的可以鼓励你的诗和名人的格言。如果你感到精神颓丧，就看看剪贴簿，也许在本子里你可以找到治疗的药物。波士顿医院的很多病人都把这种剪贴簿保存了多年，她们说这等于是替你在精神上"打了一针"。

2. 不要为别人而过多操心。也许你的丈夫确实有很多缺点。可是，如果他是个圣人，恐怕他根本就不会娶你了。学习班上有一位妇女，通过学习，才发现自己是一个对别人要求苛刻、爱挑剔的妻子。当别人问她："如果你那一无是处的丈夫死了，你会怎么办？"她才发现自己的错误。于是，她坐下来，把她丈夫所有的优点列举出来，那张单子足足列了好几页。因此，如果你觉得自己嫁错了人，不妨也试试这种方法。也许，在看过他所有的优点之后，你会发现他正是你希望遇到的那个人。

3. 对自己的邻居保持适当的兴趣。对那些和你在同一条街上共同生活的人，抱有一种友善且健康的兴趣。一位孤独的女人，一直认为自己被周围人所"孤立"。有人劝她试着把下一个碰到的人做主角，编一个故事，于是，她开始在公共汽车上，为她所看到的人编造故事。她假想那个人的背景和生活情形，试着去想象他的生活是怎样的。慢慢地，她开始和别人聊天。现在，她非常快乐，成了一个很讨人喜欢的人，同时也治好了她的"痛苦"。

4. 夜晚休息之前，先安排好第二天工作的程序。在实验班上，医生们发现很多家庭主妇，因为繁重的家务劳动，而感到分外疲劳。对于她们来说，时间总是不够用，每天都在疲惫和焦虑中度过。为了要治好这种由劳累而引发的忧虑，实验中心的医生建议各位家庭主妇，提前一天就把工作安排好。如照此做，她们不仅提高了工作效率，还降低了疲劳度。

5. 避免紧张和疲劳的唯一途径就是放松。再没有比紧张和疲劳更容易使你变老的事了。我的助手在波士顿思想控制课程里听到负

责人保罗·艾森教授讲解了很多放松身心的方法。在 10 分钟的放松练习结束之后，我的助手几乎坐在椅子上睡着了。为什么生理上的放松会有如此大的好处呢？因为放松不仅让你的身体机能得到恢复，还能消除忧虑、紧张的情绪。

家庭主妇如何放松自己

作为一个家庭主妇，一定要懂得如何放松自己。家庭主妇这个职业的优势在于——只要想躺下随时就可以躺下，甚至你还可以躺在地上。要知道，地板对脊椎骨大有好处，坚硬的地板比装着弹簧的席梦思床更有助于放松自己。

下面就是一些可以在自己家里做的运动，你可以先试一个阶段，看看对你的身心是否有好处。

1. 只要觉得疲倦了，就平躺在地板上，尽量把身体伸直，并来回翻身。这个动作每天做两次。

2. 闭起你的眼睛，像强森教授所建议的那样说："太阳当头照，天空蔚蓝蓝，大自然很宁静。我——大自然的孩子，也能和宇宙和谐一致。"

3. 如果你正在炉子上煮菜，因而没有这个时间躺下来，那么，在椅子上放松自己也能得到相同的效果。找一张很硬的直背椅子，模仿古埃及的坐像那样，把你的双手向下平放在大腿上。

4. 慢慢地把你的 10 个脚趾蜷曲起来——然后，一一放松它们。收紧你的腿部肌肉——让它们放松；慢慢朝上，运动各部分的肌肉，最后转动你的脖子，并不断地对自己说："放松……放松……"

5. 用深呼吸来平定你的神经，要从丹田吸气。规律的呼吸是安抚神经的最好方法。

6. 尽量抹平脸上的皱纹，松开你紧锁的眉头，不要闭紧嘴巴。

世界上最有魅力的妻子

第十七章

跟上丈夫的成功步伐

一个聪明的妻子永远不会走在丈夫的前面或是落在后面，她会很巧妙地与丈夫保持步调一致，从而使婚姻生活更加和谐。

——保罗·雷恩

当你丈夫向他的事业王国迈进时，你必须与他保持同样的步伐前进，否则你就会被他远远地抛在后面。

有许多女人埋怨指责男人成功后就将她们遗弃了，却从来不反省一下自己的做法。想想看，当你丈夫带你出席重要社交活动时，你那不合时宜的衣着，笨拙的谈吐都显示了你与丈夫的距离越来越远了。在婚姻生活中，两个人必须一起前进，任何一个人中途停止了，你们就很难再协调一致了。所以，想要在丈夫成功时仍能站在他的身边，你也必须不断前进，与之保持同样的步伐。

提高你的社交能力

在许多被丈夫遗落在后的原因中，缺乏社交能力是最重要的一条。因为随着丈夫的成功，你也会成为人们瞩目的焦点。你要和各种各样的人打交道，这时，社交能力的好坏就是考验你是否是个称职女主人的重要因素了。

如果你是羞怯怕生的女人，也不必为此感到忧虑，因为得体自如地招待客人是每个女人都能做到的事。你所缺少的只是训练罢了。

海因斯先生是个很有前途的年轻律师，在当地的政治圈很活跃。他需要和人们见面，参加会谈、集会以及社交活动和娱乐节目。但他的新娘雪莉·海因斯，却非常害怕面对这些场面。她说："我很害怕和陌生人接触，我很害怕站在人群里参加公开的宴会，我不可救药地害羞。"

但是为了丈夫的前途，雪莉决定克服自己的心理障碍。怎么做呢？她不知道。直到有一天，她在一本书上看到了这些话："人们对于他们自己是最感兴趣的了。所以，在谈话中，你可以把注意力集中在别人身上，要他谈谈他自己。这样，你就会忘记自己的存在了。"

这些话启发了雪莉，她决定试试看。出乎她意料的是，她发现这个方法很有效。

"渐渐地，"雪莉说，"我因为对别人发生兴趣而不再感到害怕了。我发觉他们也都有自己的困扰和烦恼。当我更加了解他们以后，我就开始喜欢他们了。现在，我开始喜欢上了认识新朋友，我也喜欢和我的丈夫到别的地方去，他现在已是州里的参议员了。最重要的是，我很高兴并没有因为自己欠缺在社交场合中的交际能力而妨碍了我丈夫的成功。"

每一位妻子都有责任训练自己具备一定的社交能力，从而为自己的丈夫提供帮助。因为妻子如果有能力与他人亲切相处，并且有足够的社交适应力，她就可以使丈夫成功的机会大大增加。

如果你天生就有这种能力，那真是十分幸运。如果没有，你就必须学会这种能力，就像海因斯太太那样。

不要以为你的丈夫现在做的是比较低层的工作，你就不必具备社交能力了。你的丈夫是在不断前进的，也许他在 10 年、20 年或 30 年后就是个响当当的大人物了。

抓住每一个改进的机会

不要让自己变成一个懒女人，你要利用身边的每一个机会来改进自己。

"跟上丈夫在事业中随时前进的步伐，是婚姻幸福的真正关键。"艾立克·强斯顿夫人在总结自己成功的婚姻经验时曾经这样说过。

艾立克·强斯顿夫人是美国电影协会会长的妻子，她劝告那些想要赶上丈夫事业的太太们，要抓住身边的每个机会来提高和改善自己，而不要把自己局限在狭小的自我空间里。

"也许你会认为，"强斯顿夫人说，"你的丈夫并没有需要你随时提高自己的社交能力，刚开始的时候，艾立克也没有这种社交活动。当我们结婚的时候他还在挨家挨户地推销真空吸尘器。那时候，我们两人谁也不知道未来会是什么样。但我知道的是，我要帮助他成功。"

没有人会知道未来会是什么样子，但是聪明的女人会时刻准备好等待机会的来临。

学习如何认识朋友和如何与朋友和睦相处，是你在丈夫得到重要职位之前可以做的基本准备。这是一种永远可以帮助你丈夫的方法，而无论他的职业或社会地位是什么。

如果你的丈夫在待人接物时有点笨手笨脚，你就可以帮他弥补因粗心而导致的过错；如果他自己已经够机智圆滑了，你就可以防止他变得荒谬可笑。

保持友善

友善与和气是女人无形的资产。如果一个女人无论走到哪里都能够制造出温暖、融洽的气氛，那么她是永远不会被遗落在丈夫背后的。

一个亲切和善的女人是丈夫的"亲善大使"，就像汉斯·V·卡天柏夫人那样。

卡天柏夫人的丈夫是美国新闻广播协会的会长，她在帮助丈夫方面可谓是非常机灵的了。她知道如何把不愉快的话题岔开，从而使周围的气氛变得活跃起来。

如果晚宴中的话题拐错了方向，她就会等待一个适当的时机说："汉斯，为什么你不谈有关……的事情呢？"这使得每个人都有时间冷静下来，把男人不愉快的话题岔开。

卡天柏夫人还懂得如何委婉地拒绝别人。当她丈夫演讲结束后，总有许多人想和他握手，并且和他谈上很久。这时，卡天柏夫人就会委婉地告诉他们新的话题，比如：他们的车正在外面等着，或是他们还得赶赴另一个约会。

有一次，在市政厅演讲完后，卡天柏先生被许多提问题的听众包围住了，卡天柏夫人知道如果演讲再继续下去，她的丈夫就会坚持不下去了。于是她站起来说："对不起，我有个问题。那就是卡天柏太太想要知道卡天柏先生什么时候可以回家吃饭了。"大家听到这种幽默和善的问题，都不仅附和了她，而且让卡天柏先生回家吃饭了。

你也许不会有卡天柏夫人这样的才华，但你可以学到她的和善。

防止丈夫的自满

如果丈夫在事业上走得太顺，会带来一个重要的成功隐患，那就是骄傲自满。

虽然在前面已提过许多建立男人上进心的方法，但是每一个女人也应知道，有时候男人也需要被泄泄气，才不至于变成一个昏头昏脑的自大狂。

能够成功地做到这一点的女人是值得被感激的。

里曼·毕却·史托先生就因此十分感激他的太太。每当他要试试别的行业，或是想接下一个新工作的时候，他的太太希琳就会帮助他建立自信心。但同时，希琳也不忘告诉他："千万别被各种赞扬冲昏了头。除非你以后仍然能够有很高的水平，否则这些称赞过你的人也将会遗弃你、离开你。"

有一次，里曼先生在某个大厦的奠基典礼上发表完演讲，并且感觉自己做得棒极了。他觉得自己是自威廉·杰林斯·布里昂以来最伟大的演说家，于是乐飘飘地回到了家。

到家后，他把自己的得意说给希琳听，并且把演讲的高潮绘声绘色地表演了一次，然后就坐下来等待妻子的赞美。然而，里曼太太微笑着说道："那真是太棒了，亲爱的。但是那些出资盖大厦的人又怎样呢？我觉得他们似乎是更值得被赞美的人，毕竟你的演讲只不过是在对他们表示敬意而已。"

就这样，里曼先生的自满情绪一下子沉淀了下来，他开始认真了解他自己以及他微薄的努力了。

如果不想被丈夫所遗忘，妻子们就应尽自己的能力赢得尊重，同时不断地充实和完善自己。任何一个女人能做到这点，该担心遭到遗弃的就会是她们的丈夫了。

世界上最有魅力的妻子

第十八章

好女人不唠叨

我宁可忍受世上最丑陋的女人，也无法忍受一个爱唠叨的女人。

——沃伦·奥利拉

妻子对丈夫的唠叨，是世上最残酷的折磨方法，很少有男人不被这种方法折腾死。

一个女人即使拥有全世界最美丽的容貌，可一旦沾染上唠叨的毛病，就会使任何一个男人退避三舍，除非他是个聋子。

唠叨使丈夫离家

女人们可能永远不知道，唠叨对男人来说是种可怕的折磨。唠叨、挑剔带给家庭的不幸要远比奢侈、浪费大得多。

莱伟士·M·蒋曼博士是位著名的心理学家，他对1 500对夫妇做过详细的研究。结果显示，丈夫们都把唠叨、挑剔列为太太最糟糕的缺点。盖洛普民意测验也得到了相同的结果，男人们都把唠叨、挑剔列为女性缺点的第一位。

女人们总是习惯以唠叨的方式来改变丈夫，然而，可悲的是，这种方式从来没有奏效过。

唠叨最可怕的地方在于它是男人信心的杀手。

迈克是个优秀的男人，但他的事业却几乎被他的第一任太太毁掉了。他的第一位太太总是轻视和取笑他所做的每件事情。当他们还在一起生活时，迈克是个推销员，很喜爱自己的工作，并且很努力地工作。但每当他晚上回到家时，他的前妻总是以这些话来迎接他："好哇，我们的大天才，生意不错吧？你今天带回来的是佣金呢，还是推销经理的训话？我想你一定知道下个星期就要付房租了吧！"

这种情形持续了好几年，最后迈克终于无法忍受，与他前妻离了婚，重新娶了一位能够给他爱心和支持的女孩。现在，他已经在一家著名的公司担任执行副总裁的职务了。

然而，事实上，他的第一任太太并不知道自己为什么失去了丈夫。"我省吃俭用，吃苦这么多年，"她向她的朋友诉苦，"结果当他不再需要我替他做牛做马后，他就离开了我，去找别的女人了。男人就是这样子！"

如果有人告诉迈克的前妻，迈克决定离开她并不是因为另外一个女人，而是她的唠叨、挑剔，想必她是打死也不会相信的。但这的确是迈克离开她的主要原因，因为她一直在以一种轻视的唠叨方式打击迈克的男性自尊心与自信心，这是任何男人都不堪长期忍受的。

不拿丈夫与他人相比

最具破坏力的一种唠叨方式就是拿你的丈夫和别人相比。

"你为什么赚不到更多的钱？比尔·史密斯已经连升两级了，你还没有升级。"

"哈里给他太太买了一件貂皮大衣，而你呢，只能给我买这种便宜货。"

"如果我嫁给赫伯特，我一定可以过得更豪华一点。"

……

类似这种唠叨，你每说一次，只会让你丈夫更加远离你。

夫妻在婚后的共同生活中很少有不吵架的。对一般的争执夫妻都可以承受，也不会产生情感的裂痕。但如果是从未停止的、毫不放松的长期唠叨，却很容易搞垮最美满的家庭。

改掉唠叨的毛病

如果你也认识到了唠叨对男人身心带来的伤害，你就得想办法改掉它，以免继续对你丈夫造成不可弥补的伤害。

如果你从未意识到你有这种毛病，可以去问问你的丈夫和其他人。如果他们告诉你，你是个爱唠叨的女人，你千万不要愤怒，而应好好地反省一下。

以下是几种可能对你改变唠叨毛病有益的建议：

1. 减少重复同一句话的次数

训练自己把话只讲一遍，然后就忘掉它。

如果你必须很不耐烦地提醒你的丈夫六七次，说他曾经答应过要去割草。如果他现在已经在割了，你就不用再浪费唇舌多说几遍了。唠叨只不过使他更想拒绝而已。

2. 采用温和的方式

温和的方式比重复唠叨的方式有用多了。男人都喜欢被人请求，而不是命令。

"如果你愿意去割草，亲爱的，我就给你烘你最爱吃的水果饼。"或"亲爱的，你每次都把我们的草地修得这么整齐，艾莲都很羡慕我有你这么好的老公呢。"

类似这样的话，会比你的唠叨更容易达到目的。

3. 培养幽默感

幽默感将会使你常常保持良好的心情。如果你对芝麻大小的事也会生气，早晚会精神崩溃的。

有些太太催丈夫到浴室里去拿浴巾的时候，也会因为丈夫动作慢了一点而大动肝火。要学会用宽容幽默的态度对待生活中不如意的事，而不是整天紧绷着一张脸。

别为了一些微不足道的芝麻小事而把爱情变成了怨恨。

4. 保持冷静

当你与丈夫发生不愉快时，要记得保持冷静。在不愉快发生时千万不要唠叨埋怨个不停，而应当在你和丈夫冷静下来时，再把这些事情拿出来讨论。

如果是微不足道的小事，你一定不会再提起。如果你认为很重要，就心平气和地和你丈夫谈谈，在理智与平静的情况下，利用相互信任和合作来消除它。

你不可能用唠叨的话套牢一个男人，这样做的结果只会是破坏他的精神，毁灭你的幸福。

世界上最有魅力的妻子

第十九章

别对丈夫的工作指手画脚

任何一个男人都不会喜欢妻子对他的工作指手画脚。

——克洛德·伯思

许多女人都喜欢对丈夫的工作指手画脚，她们自以为是丈夫工作上的顾问，结果却往往使丈夫失业，而不是升职。

妻子的干预是一件危险的事情

要对你的丈夫有信心，在他的工作岗位上，他一定会做得比你更好。所以，不要随便干预你丈夫的工作。

关注是一回事，而干预就是另一回事了。因为关注是作为旁观者，干预则是你在设法取代丈夫的地位。

不要认为你的策略或试探会对丈夫的工作带来多大的帮助，因为大部分时候，妻子的干预只会使丈夫丢掉工作，而不是升职。

一家商业公司里最受器重的经理在服务多年以后被迫辞职了，原因很简单，就是因为他的妻子总是不断干预他的业务。

这位太太想了很多所谓的招数，用来对付丈夫公司里的其他几位经理，因为她自认为他们是丈夫的敌人。她在这些经理们的太太之间挑起事端，并有目的地散布谣言，攻击他们。

这位可怜的丈夫没有办法控制太太暗中的活动，只好做了他所能做的唯一的一件事：辞掉了他多年来引以为荣的工作。

毁掉你丈夫的 9 种方式

如果你对幕后操纵的做法乐此不疲，你很快就能将你的丈夫从他现有的职位上拉下来。

下面列出了 9 种方法，如果你到现在还在采用，你肯定能使你的丈夫失业，也会使他变得精神崩溃。

1. 对他的女秘书，尤其是对年轻漂亮的女秘书恶言恶语

随时利用机会提醒她只是佣人而已，虽然她并不把你的丈夫当成是值得追求的目标，但是你还是不能放过她。失掉一个好的女秘书，对你丈夫来说并不算很大的打击，因为你会为他买来记录机。

2. 每天频繁地打电话给你的丈夫

告诉他，你做家事碰到了什么困难；问他中午和谁一起吃饭；给他开了一张购物单子，要他在回家的路上买回来。

发薪水那天，总是忘不了去他的办公室。因为这样他的同事马上就会知道，你才是家里的一家之主。

3. 和其他员工的太太制造一些摩擦

这种情况是不会终止的，因为那些太太们没有一个是好人。

你可散布一些有趣的闲言闲语，说说老板曾经怎样饶过她的丈夫以及你的丈夫对她的丈夫的看法如何。再过不久，整个办公室就会分裂成许多派系，而你毁掉丈夫工作的时候也会马上来到了。

4. 抱怨丈夫工作的坏处

告诉你丈夫他的工作太多，薪水太少，并且办公室里没有人看重他。

没有多久，你的丈夫就会开始相信你的话，并且他的工作也会变成你说的那样，然后你的丈夫就会去找新的工作了。

5. 不断为丈夫的工作出谋划策

不断地告诉你丈夫应该如何改善工作，如何增加销售以及如何奉承自己的上司。

让他在办公室里摆出坐在摇椅上的总经理的姿态。毕竟，他只是在办公室里办办公而已，你才是真正的战略家和策划人。

6. 秘密调查丈夫和其他女人的关系

组织好你自己家里的秘密警察计划，长期侦查你丈夫和他的女主顾、办公室助理以及同事太太们之间的关系。

你丈夫会为了避免与她们有所接触而不得不缩小自己的工作范围。

7. 向丈夫的老板卖弄风情

每当你有机会向丈夫的老板眉目传情的时候，你就尽量使出女性的魅力吧。

如果在你的努力以后老板还没有开除你丈夫的意思，老板的太太也会特地为你的先生找个新上司，让你再试试你的计策。

8. 大谈你丈夫的趣事

在公司举办的宴会上，你不妨多喝一些酒，表现表现你是个多么风趣的人。

说一些你丈夫在度假时如何玩闹以及他穿着睡裤上街的事。这些有趣的小事将会给宴会上的人们带来许多笑料。你将会变成宴会上最出风头的人物，你的丈夫自然就会成为人们寻开心的对象。

9. 告诉丈夫你才是最重要的

每当你的丈夫必须加班，或者是出差办公的时候，你就哭着向他抱怨和唠叨，让他知道你才是最重要的。

你应最值得照料而且应该受到重视，其他任何代价都是可以牺牲的。

如果你想要使用一流的手段毁掉你丈夫的前程，你就依着上述的 9 条规则去做吧。结果是，他将失去他的工作，而你将失去你的丈夫。

世界上最有魅力的妻子

第二十章

发挥丈夫的长处

把自己的野心强加在丈夫身上的女人是世界上最可怕的女人。

——李·雅科伯

　　帮助一个男人了解他的能力，与逼着他去做超出能力的事，这两者之间存在着很大的差距。激励丈夫的上进心与强迫他实现不可能达到的目标，常常是做妻子的最容易混为一谈的两件事。

　　许多当太太的都不了解自己丈夫的能力。许多男人都因为被逼着去实现超出自己能力的目标而感到精神崩溃——通常都是因为他有一个野心太大的妻子。

　　有许多人在低层的职位上工作得很称职、很快乐。强迫他们去争取不适合他们的官职，就会使他们烦恼得患上胃溃疡或是提早进入坟墓。因为并非每个人都适合坐上总裁的位置的。

　　成功的意义在于我们把适合于自己心理、体力和个性的工作做得很好。大自然创造了人类，并不是希望每个人都成为董事长或百万富翁。一流的木匠要比二流的经理人来得好。

认清丈夫的才能

　　如果你的丈夫是个研究型人才，就不要想把他改造成一个彬彬有礼的应酬专家。任何不符合你丈夫本性的工作都只会给他带来痛苦，无论这份工作看起来是多么令人羡慕。

曾经有这样一个女人，她努力了 20 年，终于把她的丈夫变成了一位白领阶层的工作人员。

当她嫁给她丈夫的时候，她的丈夫本是个快乐且高明的水管工。然而，她却耻于让自己的朋友看到她丈夫的工作情况，因此她开始了改造丈夫的努力。

为了使太太高兴，这个可怜的家伙不得不跑到一家大公司去当助理。多年下来，在太太的逼迫下，他在困难重重中也升了好几级。但是他却变得厌烦和无奈，感到工作对他来说丝毫没有乐趣。

然而，他的太太终于觉得可以抬起头来了，并且四处向女伴们宣传她是如何把自己的丈夫从劳工阶层拉上来的。

过分逼迫一个男人，不仅会迫使他放弃喜爱的工作，还会给他的健康带来损害。因为有时候升级并不是幸运。

西瓦贝蔓是个巡警，由于他工作努力，被调到了更好的部门。这个新职位虽然有高薪，但同时也需要更长的工作时间，并且压力更大。他几乎没有时间与太太和女儿待在一起。但作为一个有责任心的警察，他还是决定要努力做好新工作。

然而没多久，他开始变瘦，睡不着觉，脾气也变得暴躁了。西瓦贝蔓去找医生检查病因，经过一段长时间的谈话后，医生认为这是由于压力过大造成的。于是医生告诉警察局长，如果西瓦贝蔓不被调回巡逻的老岗位上去，警方就会失去一个好警察。

西瓦贝蔓被调回来了，他的健康也马上得到了改善。他能够正常地睡觉，脾气也好转了。

"我从这儿得到了教训，"西瓦贝蔓说，"对我来说，升级并不是件好事。健康、幸福要比金钱、地位重要多了。"

很幸运西瓦贝蔓有自知之明，及时做了调整。而有些人却从来没有意识到这点，他们仍然痛苦地努力争取爬上社会阶层的顶端。

克制你的野心

要满足于丈夫能力范围内的工作，不要让你膨胀的野心害了你的丈夫，不要费尽心机地去争取超出丈夫能力的成就。

彼德·史坦克隆博士在他那本《如何停止谋害你丈夫》的书中，责备那些过分逼迫自己丈夫的妻子们——她们要自己的丈夫永不休止地努力，以争取比她们的朋友更富有、更有地位。

"这种女人，"史坦克隆博士说，"天生就是追求名利的人，或是有极大的野心和虚荣心的人。她们的这种做法，最终只能破坏家庭的幸福。"

因此，作为妻子，你应该支持你的丈夫去发挥他天赋的能力，而不是强迫他进入所计划的"成功"模式中。

如果你希望你的丈夫能有所成就，你就鼓励他、爱他。但别把他逼得太急，或是强迫他做那些超越自己能力的工作。

第二十一章

与男人一起冒险

与其在自己不喜欢的工作上浪费时间，不如尝试自己喜欢的工作。对我来说，这种冒险是值得的。

——西奥多·吉尼

一个人只有从事他最喜爱的工作，才会得到更大的成功和快乐。也许在你眼中，让你丈夫从事他喜爱的工作简直是种冒险，但你也必须与他一同冒这个险，如果你希望他成功的话。

发扬拓荒精神

任何一个希望丈夫成功的妻子，都必须发扬吃苦耐劳的拓荒精神。你必须心甘情愿地让你丈夫去做他最喜爱的事情，纵然他的做法是很冒险的。

不管遭到了什么挫折，你必须深信丈夫的勇气并且毫不畏惧地支持他。你要能够不顾一切地信任他，不会为了各种其他原因而退缩。

得不到妻子支持的男人，是不会有任何成就的。有一位男人，在他所不喜欢的职位上工作了一辈子，只因为他的太太不愿与他一起冒险创造新的生活。

这个男人最早的工作是会计员，后来他赚够了钱，很想开一个汽车修理厂。在这时候，他结了婚，而他太太认为在他们还没有买房子以前，他最好不要辞去工作。

等他们有了房子以后，他的妻子又要准备生下第一个孩子了。他的妻子认为，开创自己的事业将是一件多么辛苦的傻事——于是日子就这样过去了。

当他的薪水已经足够家庭开销，还有保险金可以提供孩子的教育费用时，还有必要开创自己的事业吗？太可笑了！如果失败了怎么办？他可能会失去在公司里的年资、公司的退休金、疾病津贴，以及一份中等并且固定的薪水。于是这位男士就失去了一切创业的机会。

许多妻子都不给她们的丈夫尝试去做自己喜欢工作的机会。她们会说："如果失败了怎么办？"失败并不可怕，因为至少丈夫们会为已经做过自己喜爱的工作而感到满足。并且，如果他们尝够了失败的滋味，那么他们就真的会成功了。

让丈夫快乐工作

如果你的丈夫想要从一个他不太喜欢的安定工作转到另一个较不安定，但能够使他高兴的工作上去，你是否会高兴地赞同呢？想想你为什么会嫁给他，你就会有答案了。如果你还不知道，那就看看查尔斯·雷诺兹太太的做法。

查尔斯·雷诺兹是一家大石油公司的财务助理，他是个能干又讨人喜欢的年轻人，前途不可限量。空闲的时候，雷诺兹喜爱绘画。他的许多风景画，都挂在了自己的办公室里。

雷诺兹喜欢自己的工作，但他更渴望有更多的时间来作画。他

一向喜爱新墨西哥州的陶欧斯城，那儿是艺术家的乐园。并愿放弃自己的工作，永久地移居到那里去。

当他和他的太太露丝谈到这件事的时候，她说："太棒了！我们可以卖掉这里的每一件东西，到陶欧斯去开一家绘画用品店。我们也可以卖画框，我照顾店面，你就可以画画了。我相信我们一定可以成功的。"

由于太太热心的支持，查尔斯·雷诺兹下定决心辞掉了工作，专心作画了。不久，他就成了美国西南部最成功的画家之一。而如今他已是陶欧斯城画家协会的会长，并在陶欧斯城闻名的济特·卡森大街上，还有属于他的画廊和画室。

查尔斯·雷诺兹夫妇的冒险成功并不值得惊讶，因为上帝更偏爱那些勇敢和坚强的人。

第二十二章

女人一定要有"女人味"

当一个女人爱着一个男人，而这个男人又爱着这个女人时，天使就会从天堂下来，坐在那人家里，唱起欢乐之歌。

——柏拉玛

你是那么深爱你的丈夫，然而他却不知道？不必为此感到惊讶，因为你在表达爱的方式上出现了错误。

许多深爱着自己丈夫的女人都会犯类似的错误。她们心里虽然充满了对丈夫的爱，希望带给丈夫快乐和幸福，但总是做着与此相反的事：当丈夫赶着上班时，仍然像水蛇那样紧缠他们不放；应该静静听丈夫说话的时候，仍然喋喋不休；管理家庭时，像个严厉的军事教官。

那么，女人应该怎样表达出对丈夫的爱呢？运用心的关怀，用你的心去抚摸他的心就足够了。

向一流的秘书学习

每一位一流的秘书都知道如何使自己的老板高兴。他们认真研究老板的喜好，知道他喜欢什么，不喜欢什么。他们也知道什么东西会使老板生气，以及在怎样的环境下老板才觉得心情舒畅。做妻子的技巧与一流的秘书十分相似，她们也需要这种体贴入微的观察力。

最引人注目的成功婚姻，都是建立在妻子能够体贴丈夫和使丈夫快乐的前提上。

爱丽诺·罗斯福总统夫人在谈到如何使丈夫高兴时说，她知道罗斯福非常喜欢自己的儿女，因此，每次他们出去演讲或旅行时，她总会安排儿女中的一个随行。这种安排使总统感到非常高兴，并且也有助于他在吃力的行程压力下放松自己。

罗斯福夫人说，通常孩子们轮流和他们出外旅行，每隔两个星期就轮一个。"在那些旅途中，总是有许多家庭趣事，"她说，"我们经常有说有笑。这使我丈夫更能胜任繁重的工作。"

想让你的丈夫高兴很容易，只要你用心观察就可以办到。

做些"小牺牲"和让步

许多时候，女人从小事上做些"牺牲"和让步，会让男人觉得幸福，从而也乐意在某些事情上作出让步。"女人先做些小小牺牲"也是让婚姻更美满的秘诀。

情愿放弃一些自己喜好的妻子所得到的报偿，比起那些"小牺牲"来是更值得。奥嘉·卡巴布兰加夫人就成功地运用了这种方法。

奥嘉·卡巴布兰加夫人是约瑟苏尔·卡巴布兰加先生的遗孀。她的先生曾经是古巴的外交官和国际著名的西洋棋冠军。就像许多能力不凡的男人那样，卡巴布兰加先生也是个非常固执的男人。但他们的婚姻却非常美满成功，因为他有爱情、浪漫和相互的尊重。

奥嘉·卡巴布兰加带给她丈夫许多快乐，所以她丈夫也经常放弃一些本来执著的意见来博取她的欢心。她是如何做到这一点的呢？只不过是做些"小牺牲"而已。

当卡巴布兰加先生心情不好而不想说话时，她就让他独自去思考，而不会用唠叨的话语来刺激他；她本来喜欢舞会，但她丈夫大部分时间却喜爱留在家里，于是她心甘情愿地放弃一些社交聚会；如果她丈夫不喜欢她穿在身上的衣服，她就马上去换穿一件他喜爱的。

最重要的是卡巴布兰加先生喜爱哲学和历史，但卡巴布兰加夫人只喜欢读起来轻松的书。然而，她还是细心地阅读了丈夫喜欢的书。正如她所说，她是为了"赶上他的思想，并且欣赏和领会他的谈话"。

丈夫的回报

卡巴布兰加夫人做了这么多，她丈夫有没有因此而感激她呢？看到下面的事情你就知道了。

卡巴布兰加先生本来认为赠送礼物是件非常可笑和矫揉造作的事。但有一次在情人节那天，他却红着脸，送给他太太一盒非常漂亮的巧克力，这是他刻意想要对他心爱的妻子表示爱心。卡巴布兰加夫人高兴得无法形容，因为她那理性的丈夫竟然会送给她这种完全与理性无关的礼物！

自从这次以后，送礼物给自己的太太，就变成卡巴布兰加先生最大的乐趣之一了。有一次他花钱请一名职员加班两个小时，用一连串不同大小的盒子把一小瓶香水包装起来，只是为了要看看他太太打开这些盒子时的幸福表情。

卡巴布兰加太太是如此用心创造她先生的幸福，而她的丈夫也在博取她的欢心之中得到了许多快乐。难怪他们的婚姻会这样成功了。

带给自己丈夫幸福的妻子，同样也会从丈夫那里得到幸福。

世界上最有魅力的妻子

第二十三章

分享丈夫的嗜好

　　共享每一件东西——无论是一片面包或是一个思想——都可以使我们的关系更加亲密。

——托马斯·戴尔

分享我们所爱的人的特殊嗜好，在婚姻生活中，我们就会得到更多的幸福。

共享美好的东西——共同的朋友、嗜好和理想，将使夫妻的关系更加亲密。

在成功的婚姻生活里，对对方嗜好的适应力是婚姻美满的重要因素之一。

埃及艳后的秘密

埃及艳后克丽奥佩屈拉是每个男人心目中的理想情人。并非因为她的美丽，而是因为她有与别人共享快乐的能力。

她通晓她所有附庸国的方言，在此以前从未有统治者不嫌麻烦地学习这些话。当这些附庸国的使臣前来朝贡时，克丽奥佩屈拉不需要翻译就能与他们对话，这种做法赢得了附庸国对她的热心支持。

马克·安东尼喜欢钓鱼，于是喜爱奢华的克丽奥佩屈拉就穿着粗布衣陪他去钓鱼。有一次，安东尼花了几个小时也没有钓到一条鱼，她就叫奴隶潜到水底，把一条大鱼挂在他的渔钩上，与他开了个玩笑。

有时候，克丽奥佩屈拉为了博取安东尼的欢心，化装成平民，两人跑到贫民区和下级赌场去狂欢作乐一番。马克·安东尼的每件嗜好，克丽奥佩屈拉都热心参与，并与安东尼一起分享快乐。

每个男人都希望与心爱的女人一起分享自己喜爱做的事，然而，有多少女人愿意穿上长筒靴和粗布衣服，不怕太阳和蚊虫陪伴自己的丈夫去钓鱼呢？

与丈夫共享快乐

有许多女人常常抱怨自己的丈夫把大部分时间都浪费在自己的嗜好上，却从来没有想过要与丈夫一起分享这些嗜好的快乐。

佛露莲丝的丈夫是个杰出的剑道运动员，而她连有关剑道的浅显术语都搞不清楚。但她后来却连续三次获得了全国女子剑道比赛的冠军，又数次获选为奥林匹克代表。

如果不是佛露莲丝不怕麻烦地学习，和她的丈夫共享兴趣与嗜好，可能她的丈夫就必须放弃生命中一部分有价值的生活，或是她只好在丈夫追求喜好的运动的时候独自过着寂寞的生活。

艾德加·华拉斯是个著名的神秘小说与冒险小说家，他的工作非常繁重，赛马是他最喜爱的消遣。华拉斯太太对这种贵族式的运动没有特殊的兴趣！但是她知道她的丈夫需要在繁重的工作中有个松弛的机会。所以她就陪着丈夫去看赛马，并且和他一起欣赏那些名驹，以鼓励他花费更多的时间在消遣上。

妻子如果学会了在丈夫的休闲娱乐之中得到乐趣，就不会被丈夫撇下不管了。

法兰西斯·休特太太刚结婚的那段日子过得很不愉快，因为她的丈夫还保持着单身时代的习惯，休闲的时候都到朋友家去玩。而休特太太则盼望她的先生能够时常留在家里，但她并没有对丈夫唠叨、哭泣或是控诉他忽视自己。相反地，她开始研究并学习起丈夫的嗜好了。

休特先生很喜欢下国际象棋，并且具有专业的水准。所以休特太太就请她丈夫教她下棋。很快，她就成为了一个相当高明的对手。休特先生喜爱与人交往，休特夫人就努力把家里弄得十分舒适。于是休特先生开始很自豪地把朋友带回家中，而不会整天向外跑了。

这种做法很有效。自从休特太太学会了丈夫的嗜好后，休特先生就不再认为有必要扔下妻子，跑到外面去玩了。

"我认为，"休特太太说，"妻子能够为丈夫做的最重要的事情，就是使他快乐。"

如果你也希望你的丈夫变得快乐，那就尽量与丈夫分享共同的嗜好吧。

第二十四章

对男人一定要殷勤有礼

在婚姻关系中，礼貌的重要仅次于小心选择伴侣，但愿少妇们对自己的丈夫都能像对陌生人那般有礼，任何男人都会被一张利嘴吓跑的。

——华特·丹罗区夫人

有人说，殷勤有礼对于婚姻生活就像机油对于马达一样重要，所以聪明的女人对待丈夫一定要殷勤有礼，不能做"野蛮女友"，因为这样会吓走你的好男人。

殷勤有礼牢固婚姻生活

现实婚姻生活中，许多女人都知道，不讲理是吞噬爱情的癌细胞，但不幸的是，很多时候我们在对待自己的家人时还不如对待陌生人那样有礼。

对于我们不认识的人，我们不会轻易打断他的话，没有得到允许，我们不会去拆朋友的信件或偷窥他人的隐私，只有对我们自己家里的人，我们才会口无遮挡，任意发泄自己的情绪。

正如桃索丝·狄克斯所说："非常令人惊奇的，但确实千真万确的是，唯一对我们口吐难听之言、有伤感情的话的人就是我们自己家里的人。"

这无疑会对家人造成很大程度的伤害，严重的甚至会分裂彼此之间的感情。所以，聪明的妻子才不会做这种于己于人都不利的事，她们会有意识地养成殷勤有礼对待每一个人，尤其是对待自己的丈夫、自己的家里人时则要更加礼貌有加，因为你的尊重会换得丈夫精神慰藉，对你眷恋不已。

如何殷勤有礼

俄国著名作家屠格涅夫享誉世界，但他曾说："如果在某个地方有某个女人对我过了吃晚饭的时候还没有回家，表现出十分关心，我宁愿放弃我所有的天才和所有的著作。"

可见，男人对婚姻的期待。所以，聪明的女人如果能够殷勤有礼地对待丈夫，就一定能牢牢地抓住他的心，那么怎样表现这种殷勤有礼呢？一般来说，要从以下几个方面入手：

1. 丈夫出入家门时给予帮助和问候，这包括帮助丈夫穿脱外衣，帮助其整理仪容，出门时祝他平安顺利，回家时对他道声辛苦。

2. 对丈夫的错误不要大声斥责，最好能坐下来讨论分析。

3. 照顾好丈夫的起居生活，掌握他的生活习惯。

4. 经常赞美和鼓励丈夫的言行，使其精神饱满。

虽然礼多人不怪，但礼也要有度，不要让你的丈夫在家中觉得像是在接受饭店服务，要让他在你的殷勤有礼的呵护中感受到幸福快乐。

世界上最有魅力的妻子

第二十五章

适当地"放男人一马"

愿丈夫和妻子永远不要莫名其妙地区分你的、我的，因为这样造成了所有的法律、所有的诉讼和世界上的所有战争。

——杰里米·泰勒

给丈夫留有自己的自由和空间是掳获他们的心的又一招妙计。与其给丈夫一把大刀，却又因害怕而限制他们活动的空间，还不如直接就给他一把小水果刀，让其自尊心得到满足。

丈夫的私人天地

著名作家安德瑞·摩里斯在其作品《婚姻的艺术》中曾写道："没有一对婚姻能够得到幸福，除非夫妇之间能够互相尊重对方的嗜好。更深一层说，如果希望两个人有相同的思想、相同的意见和相同的愿望，这是很可笑的想法。这种事情是不可能的，也是不受欢迎的。"

所以给你的丈夫留有甚至创造他的小天地是表达你的信任和尊重的有效策略。如果你的丈夫喜欢集邮，那么你即使很反感这件事也不能表现出来，你要换个角度试着去认识集邮的好处，要懂得去迁就他，他会为此对你感激不尽。

如著名传记作家荷马·克洛伊在写《威尔·罗杰斯传记》的剧本时为了便于创作，他与妻子经常住在加州杉塔·蒙尼卡罗杰斯的农场里，单调的农场生活常常使他在创作中感到郁闷，才思枯竭，于是，有一次他住在农场时迫切想要一把外形不求好看，但非常锋利的大刀。

当他把这个想法告诉他的太太罗杰斯时，罗杰斯以为他在开玩笑，农场根本就不需要这种大刀，可能是丈夫的突发奇想，但是聪明的罗杰斯并没有去劝阻丈夫打消这个念头，而是走了很远的路去城里为荷马·克洛伊买回了那把大刀。当罗杰斯把那把大刀送给丈夫时，荷马·克洛伊欣喜若狂，像个小孩子一样搂着妻子又蹦又跳，因为他感觉到妻子对自己的爱和尊重。

在接下来的日子里，荷马·克洛伊揣带着这把大刀去农场附近的林地中砍伐矮树丛，为人们清理出了可供马匹和行人通过的小路。在释放自身积蓄的郁闷时，其身心也获得了彻底的放松，同时也激活了他的创造活力。

至今，荷马·克洛伊还经常说那把大刀是他得到过的最好的礼物，而妻子则是他这一辈子最信赖的人。

给丈夫足够的空间让他们形成自己的良好嗜好，不仅能使丈夫身心更加健康，工作更富有创造力，而且作为妻子的你可以获得丈夫更多的信任和喜爱。

好嗜好带来好生活

依据自己的心性形成的嗜好，不仅可以在平时消遣生活，陶冶情操，而且在困难时，好的嗜好甚至可以成为慰藉心灵的鸡汤。

如第二次世界大战期间，美国人艾力克·G·克拉克夫妇在中国工作时被日军俘虏，被关长达 30 个月，在这 30 个月的俘虏营中许多的狱友因为无法忍受精神和肉体的双重折磨或病逝或自杀，而克拉克夫妇却以饱满的精神坚持到被释放，这无疑创造了一个奇迹，受到战后广大媒体的关注。

克拉克在接受《基督科学箴言报》的采访时，不无感慨地说："那段经历让我懂得了拥有良好嗜好的重要性，很多时候你的家庭、财产甚至是自己的特长都可能被剥夺，而依自己的心性而形成的嗜好，如对于音乐或文学的爱好，是任何人都不可能夺走的。而这正是我战胜那段艰苦日子的精神寄托。"

在俘虏营时，克拉克夫妇就是依靠他们的嗜好来克服了自己身心的痛苦。尤其是克拉克的妻子在进入俘虏营时想方设法带进了许多丈夫喜欢的乐谱，因为她深知丈夫酷爱圣乐的嗜好如果能够得到满足，那么即使再艰苦的环境丈夫也能挨过去。果然不出所料，在克拉克先生的努力下，俘虏营中的人从圣诞歌到吉伯特与苏利文的轻歌剧几乎都会唱了，这不仅舒解了克拉克自己的紧张情绪，同时也极大地放松了俘虏营中的人们的身心。到第二次世界大战结束，他们获得解放时，他们这个营中人的生还率是最高的。

因此，克拉克先生曾深有感触地说："我愿意鼓励每一个人培养出一种消遣嗜好，在没事可做的退休状态下，嗜好可以带来许多幸福，不管这个退休状态是自愿的还是被强迫的。"

所以，聪明的妻子不仅不会去限制丈夫的嗜好，还要为其创造有利于其良好嗜好发展的空间，因为好的嗜好会给你们带来好的生活。

创造空间，发展嗜好

　　我的朋友是一个单身贵族，有许多女孩子围绕在他身边，可是他就是不想结婚，当我们问及这个问题时，他曾坦言说他害怕结婚让他失去自己独处的空间，而失去独处的空间也就意味着自己要放弃许多喜欢做的事，这是他最不愿意的。而他周围的女孩子们却往往具有很强的控制欲，让他"望而生畏"。

　　可能一些妻子对此很不理解，认为有她们体贴关心丈夫的生活不是很好吗？其实不然，作为妻子，尤其是一些以居家为主的女人，自己每天都有相对独立的时间享受自由，对获得自己的空间不太敏感。而在外忙碌的丈夫则不然，因为几乎一整天都在高度紧张的工作状态中，下班之后急需得到放松，这时聪明的妻子就不应该在丈夫面前喋喋不休地唠叨，而应该依据丈夫的喜好，为其创造发展其嗜好的空间。

　　如鼓励丈夫每周出去和朋友们做他们喜欢做的事，像钓鱼、打桥牌、打打保龄球等，这样不仅能为丈夫培养有趣的嗜好，调剂单调的生活，而且能让他们有自己的空间享受自由，这会让他们感到快乐无比，对妻子心有感激。为了家庭的将来，他们往往会更加愉快地工作，创造的成绩往往也很骄人。

世界上最有魅力的妻子

第二十六章

女人要学会照顾自己

　　结婚后夫妇有非常亲近的生活，他们在一起做每一件事情，结果常常使彼此的嗜好造成不良的影响。培养不同的兴趣和嗜好可以造成经常的变化，帮助他们保持新鲜和活力。

——沙慕尔

> 为自己的婚姻不时地加点调味品是女人婚姻成功的不二法门。而在这些调味品中又以培养自己的嗜好，不断提升自己的魅力最为有效。

让自己的特长闪耀

与男人一样，女人也要培养自己的嗜好，发挥自己的特长，这样生活才能过得精彩，尤其是那些家庭主妇，每天有很多空闲时间，如果不能及时找到填补这些时间的活动，往往会使她们感到厌烦、疲倦和单调，从而降低自己的魅力。因此，聪明的妻子在空闲时间会培养自己的兴趣，找到适合发挥自己特长的事情来做。

如华尔特·G·芬克伯纳太太在孩子幼小时，整天待在家里照顾孩子。当孩子睡着时，她经常感到莫名的烦躁，经常对丈夫发火，两个人之间的交流越来越少，关系一度恶化，当孩子长大了开始上学以后，在朋友的劝说下，她开始到圣鲁克公会的全日制学校去授课，在此期间，她发现自己很有照顾小孩的天分，于是她又申请到圣鲁克日间学校幼儿园去做老师。在做了这些工作后，华尔特·G·芬克伯纳太太开始觉得生活充实，自信和魅力又写在了脸上，丈夫高兴地说："那个我喜爱的女孩子又回来了。"

芬克伯纳太太在与朋友说到这段经历时曾说：

"自从我开始工作后，我发现生活中出现了许多惊喜，如我以前对于家务事的要求非常严格，每一件小事都不放过，现在我的眼界宽了许多，不再把时间浪费在这些小事上了。每天早上，我都提前一个小时起来收拾屋子，然后开车送孩子们去上学，随后到自己的学校去上班。

"我在学校负责孩子们的饮食和午休，星期三晚上，我会陪丈夫和一些朋友打保龄球。星期四晚上空下来我就去参加教堂的一个讨论会。这个讨论会在心理上给了我许多好处，再加上每周三次的兼职教课，我的工作表就排满了。

"这些家庭外的工作为我的生活带来了很大的变化，如在家人聚集的晚餐时刻，我有更多的话题拿出来与大家分享，这让我获得了前所未有的满足感。

"因为我曾经读过描述一个精神病患者的文章。这个患者小的时候，由于父母时常把餐桌当战场，要争论问题，所以她现在想要吃东西的时候，就会把每一口食物都吐出来。所以，在我们家里有个规矩，吃饭的时候，只能谈那些愉快的话题。晚餐就是一个综合汇报时间，到那时我们全家可以一起分享这一天有趣的事。而我的这个具有创造性的工作计划，让我有了更多有趣的事情来和他们分享。

"这些也给了我更好的价值观念，我不再去在意从前困扰我的小事情，而是把精力集中在较重要的事情上。如，怎样把我的家变成一个温馨的港湾，让每个人都感到舒服、愉快。"

可见，聪明的妻子切不可把时间空耗在枯燥的等待中，而要让自己的特长闪耀出更多的魅力，在获得自信的同时，让丈夫对自己刮目相看。

培养多元化的嗜好

著名作家沙慕尔和艾瑟·克林在他们的《婚姻指南》中曾写道："结婚后的夫妇有非常亲近的生活，他们在一起做每一件事情，结果常常使彼此的关系造成不良的影响。培养不同的兴趣和嗜好可以造成经常的变化，帮助他们保持婚姻的新鲜的活力。"

所以，聪明的妻子不是一味地去迎合自己丈夫的嗜好，而是要客观认真地分析自己，看看自己是否具备某些特殊的天分，如绘画、音乐、舞蹈等；如果没有就想想是否有什么事情是自己一直想做的，如果有那就马上着手去做；如果你一时想不到自己要做什么，你还可以看看周围的人们是怎样休闲活动的，选择一个你感兴趣的活动加入进去。这样你不仅可以培养自己的兴趣，同时还能扩大视野，增加交友的机会，让你的生活丰富起来。

第二十七章

做居家好女人

生命带给女人的最伟大的职业就是做个妻子。

——玛密·多特

居家好女人，先从家务中找到新的工作方式和乐趣，并以使家庭温馨、平和为己任。

做好一切不简单

随着社会经济的发展，人们的价值观念发生了很大变化，一些人开始不屑做居家好女人，认为做一个家庭主妇太没出息了，其实这完全是误解。正如一位社会学家在谈到家庭主妇的价值时曾说的："只是一个家庭主妇——哦，老天！这就好像在一个国际会议里听到一个男人说，'不必为我操心，各位先生，我只不过是美国总统而已。'"

所以，做居家的女人应该感到自豪而不是自卑，因为你所扮演的角色，在一周中所需要的各种才华甚至比专业演员表演需要的技艺更多。据有关人士分析统计，作为一个家庭主妇需要具备如下技能，即她必须是洗衣工、厨师、裁缝、护士、保姆、打架专家、购物专家、公共关系专家、人事主管、牢骚应对对象、总经理和顾问，甚至要成为兼职司机、书记员和记账员。

而且光具备这些技能还不够，居家女人还必须保持自己的魅力，以免丈夫"红杏出墙"，试问，即使一家身价过亿的大老板也不能完全做好上述统计的工作吧，而居家好女人就能做到，而且做得相当完美。

所以，做好居家好女人的确不简单，任何一个居家女人都应引以为豪。

你成就了这个成功的男人

玛丽妮亚·范韩与佛狄南·伦德柏格在他们的著作《女人——被忽视的性别》中说："研究结果显示，由于妻子在家里做了大部分的工作，便不必再雇请别人了，因此，丈夫收入的有效运用价值，便增加了 30% ～ 60%。"

世界知名成功男人之所以取得令世人瞩目的成就，往往与妻子的帮助与支持密不可分，这些妻子都认为做好居家好女人是非常崇高和有意义的。如美国前总统艾森豪威尔的妻子玛密·多特就是居家好女人的杰出代表。

玛密·多特·艾森豪威尔在接受《今日女性》杂志专访时曾说："生命带给女人的最伟大职业，就是做个妻子。"在这篇专访中玛密·多特·艾森豪威尔坦诚了她对做个居家好女人的看法：

> 洗小孩的袜子和全家人的脏衣服，这是令人很厌烦的事。一个家庭里有做不完的琐事，有时候看起来就像是一些可有可无的小事，尤其当你的丈夫从外面带回来许多重要的消息并问你"亲爱的，你今天做了什么"的时候，而

你所能说的只是"唉，我今天交了水电费……"

就是这些时刻，你一定很想到外面找个工作，融入人群中，同时赚些外快，但是如果你不向那个诱惑屈服，你的生命可以获得更多的回报，如果你向诱惑屈服了，20年后你将发觉你自己除了一个职业以外，什么东西也没有，或是你会发觉，你的家庭一直是被你和你的丈夫所遗弃的，不知道该如何去珍惜它。

如果我现在才结婚，我还是愿意像以前那样做家庭主妇。我将会努力去做，善用我丈夫微薄的薪水来料理家务，多结交一些朋友，每天早上都看着他吃完热腾腾的早饭以后去上班，我要尽我最大的能力帮助他实现任何理想。

做居家好女人是我的工作和我的乐趣，想尽办法尽我的能力，使艾克的家庭永远保持平衡和安定，这是我感到最奇妙、最有价值、最繁忙而最快乐的生活。

作为居家好女人，玛密·多特·艾森豪威尔做得相当出色，因为她曾经帮助丈夫踏入了美国最有权力的房子——白宫。

让年轻写在脸上

做个居家好女人，一定要懂得如何放松自己，这是保持自己魅力的法宝。具体来说，你可以尝试以下做法：

1. 只要你觉得疲倦了，就平躺在地板上，尽量把你的身体伸直，如果你想要转身的话就转身，以自己舒服为宜，每天做两次。在做这些动作时，你可以尽情遐想美好的景象，如明媚的太阳抚慰着你，天空洁净湛蓝，你仿佛回到了无忧无虑的童年。

2. 如果因为正忙着做事，如厨房里正在煲汤，而不能躺下来，你可以坐在椅子上，将背挺直，两只手掌向下平放在大腿上，闭上眼，深深呼吸几次，效果与躺下完全相同。

3. 躺下后，慢慢地把你的脚趾蜷起来，然后放松，重复几次，再慢慢朝上，运动各部分的肌肉，最后一直到你的颈部，然后让你的头向四周转动，并在心里重复"放松……放松……"

4. 用平缓稳定的深呼吸平定你的神经，因为有规律的呼吸是安抚神经的最好的方法，如果有时间最好去学一下印度的瑜伽术。

5. 平时有意识地不皱眉，不紧闭嘴巴，这样就能减少甚至抹平你脸上的皱纹。

总之，要让年轻写在脸上，要让魅力永葆青春。

世界上最有魅力的妻子

第二十八章

给丈夫一个舒适的家

让一个男人在家里感到舒适得像个国王，是让他留在家里的最好方法。

——理查德·安德森

家是丈夫的避风港，是让他们身心最为放松的地方，切不可以用自己对家庭的清洁标准来要求丈夫也要保持地板一尘不染，不能陷入自己的家庭工作成就中，要明白作为一个好妻子，要为丈夫创造出一个充满温馨、安全和舒适的爱的小巢。

轻松自在

社会竞争日趋激烈，每个男人在工作中都会感到扑面而来的压力，因此在劳累紧张了一天后，家就成为了他们最企盼的放松和休息的地方。但是，有时候丈夫在家里都得不到休息和放松，因为他的妻子是一个喜爱洁净的家庭主妇，她不允许丈夫在家里抽烟，那会使窗帘沾上烟味；她不允许丈夫看完书报后乱扔，必须从哪儿拿的还要放回到哪儿去。在这样的家庭里丈夫能得到放松才怪，长此以往势必会造成家庭矛盾。

乔治·凯利的《克莱格的妻子》之所以会受到欢迎，就是因为现实中许多女人都很像女主人公哈丽莱特·克莱格。在剧中哈丽莱特生活的主要重心就是保持家里的纤尘不染，她甚至连坐垫放错也不能忍受，丈夫的朋友来访并不受欢迎，因为他们会把东西搞乱。而她认为在我们眼中很正常的她的丈夫是个破坏专家，因为她的丈夫经常扰乱她所创造出来的完美。

显然，这个妻子的做法是非常不明智的，如果让丈夫在家中也感到紧张，不可能养精蓄锐去为明天奋战。

所以聪明的妻子在丈夫把星期天的报纸、烟屁股、眼镜盒和其他各件东西随便乱丢在自己辛勤收拾干净的客厅里时，不要对其破口大骂，甚至拿吸尘器去敲丈夫的头，要对此报以宽容的微笑，因为家是他们能够得到彻底放松的唯一的地方，只有做妻子的才能给他们提供这个地方。

舒适自在

当妻子在布置房间的时候，常常会忽略丈夫对舒适自在的需求，而这恰恰是丈夫对家的最大的需要。很多妻子喜欢根据自己的喜好在家里放置细长的桌椅、精致的毛织物、冗杂的小瓷饰品，殊不知这样实质上剥夺了丈夫搁脚、放烟灰缸、报纸和杂志的地方。

男人大多不拘小节，以方便舒适为最大原则。比如，我的一个女朋友曾经从巴黎买了一些可爱的古香古色的小烟灰缸放在家里，结果她的丈夫却在廉价商店里买回来了好几个大玻璃烟灰缸，而且分别把它们放在楼上楼下使用。当客人来访的时候，他们也都用那些廉价的烟灰缸，而我朋友的那些精致的小烟灰缸只好被束之高阁了。

聪明的妻子要明白，当你的丈夫对你辛苦布置好的家造成破坏

时，很可能是因为你的布置方式没有体现方便舒适的原则。如当丈夫把报纸满地乱丢时，可能是茶几太小或是上面堆满了装饰品，他根本就找不到地方放报纸，这时你就应该重新考虑一下你的布置方式。

聪明的妻子在丈夫到处乱弹烟灰时，会给他买几个大型的烟灰缸；当丈夫经常把脚搁在你心爱的脚凳上时，她会把这个脚凳拿到客厅去，另外替丈夫买个物美价廉的脚垫，给丈夫安排一个属于他的地方，专供放他自己的物品，如照相机、收藏物、嗜好品等。让一个男人在家里感到方便舒适，是让他留在家里的最好方法。

有秩序和清洁

任何一个丈夫都希望自己的家干净整齐，对于男人来说，自己可以不拘小节，但别人可就不能这样了，尤其是自己的妻子、自己的家。

如果你让家里早餐的盘碗筷到晚餐时还放在水槽里不洗，浴室里堆满废弃物，卧室也不加以整理，而且吃饭的时间不准，饭菜水平也不讲究，长此以往你的丈夫肯定会离家出走。

当然，对于有修养的丈夫，偶尔的一次不整齐是能够得到体谅的，尤其是在家里大扫除时，他会毫无怨气地吃剩菜剩饭，当你碰到一些必须马上要解决的问题时，丈夫也会帮忙做家务为你解决麻烦。

但是，切记这种事情不能经常发生。

气氛快乐祥和

保罗·柏派诺博士是洛杉矶家庭关系协会会长，他相信家庭应该是男人的避难所，能够使男人从业务的麻烦里得到安宁。他说："在现代日趋激烈的社会竞争中生活，并不像野餐那样轻松愉快，他必须整天和对手竞争，在各种情况下都是，到下班铃响的时候，他渴望安详、和谐、舒适、爱情……

"在公司里，大家都盯着他是否出错，而妻子则不会把她自己的困扰加到丈夫身上，也不会给他制造一些新的麻烦，她会恢复他的精力，保护他的精神，在情感上使他愉快，使他在第二天早晨能精神饱满地出门。

"在家里能创造出这种气氛，能够在丈夫的生活里尽到妻子责任的女人，可以说是最了解自己职责的妻子了！"

可见，营造家里的气氛是女人的主要责任。你的丈夫在工作中的表现将会受到这种气氛的影响。

作为一个女人，你当然不希望丈夫成为工作狂，但是又希望他能在工作中有良好的表现，如果你能创造出一种快乐祥和的气氛等着他回到家里来，你就能够使他既不会成为工作狂，又能获得好的业绩表现。

这是我们的家

男人对家庭的关心与女人是同样的，但他们需要一种这个家里没有他们就不完整的满足感，所以聪明的妻子要充分理解和掌握男人的这种心理。

例如，家里需要添置一件新家具时要认真地与丈夫商量，共同决定。又如，丈夫想亲自下厨做菜，可以在星期天晚上让他在厨房里自由发挥，虽然他会留下满是污渍的杯盘碟碗让你为他清洗。

如果不能让你的丈夫有上述的满足感，那么家庭生活肯定不会和谐，正如下面这个例子所反映的。

有一个妻子很擅长装饰屋子，而且每次花费也不多，所以她的家很精致：柔软温和的色调，精致易碎的装饰器具，精巧雅致的设计风格，可是她丈夫却是一个不太拘小节的高大魁梧的男人，在这个女性化的仙境里，她的丈夫显得格格不入，他在自己家里都觉得浑身不自在，所以他招待他的朋友和同事一般都去户外活动。这无意间就疏离了他的妻子。他的妻子抱怨这种生活状况，但她却不从自身找原因，一味地责怪丈夫。结果可想而知，最后两个人不得不分手。

所以，家是夫妻双方共同的休息所，聪明的妻子会让丈夫在家里"觉得"自己像个国王，从而为家庭作出更大的贡献。

第二十九章

有效利用时间

女人大都觉得做家务活儿占去太多时间，其实这种看法值得详细地探讨一下，如果任何一位女士愿意把她一星期的时间详细记录下来，结果可能会使她大吃一惊。

——保罗·柏派诺

爱丽诺·罗斯福是美国前总统罗斯福的妻子，她每天的活动排满了整张日程表：演讲、写作，奔波于各国之间为和平而努力，相当一部分比她年轻一半的女人也难以胜任这种忙碌，当问及爱丽诺如何能够有条不紊地完成这么多事时，她说："我能有效地利用时间。"

时间的浪费

美国著名的思想家本杰明·富兰克林在谈到时间的价值时说："时间就是金钱，假如说，一个每天能挣 10 个先令的人，玩了半天，或躺在沙发上消磨了半天，他以为他在此娱乐上仅仅花了 6 个便士而已。不对！他还失掉了他本可以挣得的 5 个先令。……记住，金钱就其本性来说绝不是不能生值的，钱能生钱，而且它的子孙还会繁衍更多的子孙。……谁杀一头生存的猪，那就是消灭了它的一切后裔，以致它的子孙后代，如果轻易毁掉了 5 先令的钱，那就是毁掉了它所能产生的一切，也就是说，毁掉了一座宝库。"

可见，任何人想成功，都必须重视时间的价值，当然女人也不例外。

现实生活中，女人浪费时间的现象比比皆是。

保罗·柏派诺博士在其著作《如何创造婚姻生活》中写道："女人大都觉得做家务活儿占去太多时间，这种看法值得详细地探讨一下，如果任何一位女人愿意把她一星期的时间详记下来，结果可能会使她大吃一惊。"

你也应该为自己试试，把一星期内在你清醒的时间所做的事情都记录下来，看结果如何。你也许会惊讶地发现，你浪费时间的事太多了：如，10:00~10:45 和朋友聊天；13:00~14:00 和隔壁邻居聊天；15:00~16:30 与朋友逛街。

这一星期记录将会明白地指出，你在日常生活中是如何浪费了时间，然后你可以拾遗补漏，重新拟定自己的时间计划。

利用零散时间

塞尔德·罗斯福当总统的时候，他的桌上总摊着一本书，所以他能够在两次约会之间的 2 到 3 分钟的空当里读书。小塞尔·罗斯福曾经说过，他父亲的卧室里有一本诗集，所以他能够在穿衣服的时候背下一首诗。

可是，许多女人并不像美国总统那样忙碌，却常抱怨自己没有时间做这做那，其实在预定计划表里出现的空当可是一笔不小的时间财富。

沙尔瓦多·S·盖塞狄是个很有经验的顾问工程师，他的妻子也是他的助手，提娜·盖塞狄把她丈夫在事业上所使用的高效率方法应用到了家庭管理上。

除了料理一成不变的家务以及照顾他们的三个小儿子以外，盖塞狄太太还要做秘书、记账员、人事经理，并且为她的丈夫担任研究助理——同时还要参加地方社团与家长教师联谊会的工作，在谈到如何利用时间时，她说：

我们的信念是清除掉杂草，我们就可以天天欣赏到花朵，那就是说，尽可能在最短的时间里做完基本必做的工作，如此我们就可以拥有更多的空闲去做我们所喜欢的事情。

有三个活泼的小孩以及一栋庞大的房子和花园需要照顾和整理，还有社团活动，做我丈夫的秘书，再加上要负责家里的文化、家教与社会职责。我所有的时间都必须做别人两倍的工作，我还要尽力做一些力所能及的事情来帮助我丈夫，找出一些他可能漏掉的文章，提醒他重要的集会，为他构想一些改进的方案。

我曾经在洗碟子或是替小孩子热奶的时候，想出许多增加营业效率的方法，我们在游玩的时间和孩子们一起做运动，我们大家都在一起玩。

我们的工作进度表是有弹性的，并非固定不变，有时候我们会把身外事务抛开，专心去做一件特殊的事情或计划。

这样在一起工作，和丈夫共享各种看法以及扩展我们的视野的欲望，使得我们的生活充实而富有变化，而且充满幸福，这种生活是有趣的，因为我们的目标是一样的，我们能够有始有终地做下去。

可见，盖塞狄夫妇懂得如何生活，如何工作以及如何把生活和工作协调进行而获得良好的结果。因为他们从不浪费时间，而是能将生活和工作中的零散时间串接起来，为他们的丰富多彩的生活提供有效帮助。

女人要这样安排时间

现实生活中总有一些人在照顾丈夫和孩子的同时，自己的生活也过得津津有味，相比那些整天抱怨，没有时间做这做那的女人，这些女人则更会安排自己的时间和家务，如果你还不是一个会安排自己时间的人，那么下面的时间安排对你来说则是大有裨益的。

1. 花一个星期的时间把你每天的时间安排做一个详细的记录，看看你的时间有没有浪费，如果有，浪费在了什么地方。

2. 每周做一个时间计划表，除非出现特别紧急的事情，原则上不要打破每天的时间计划。

3. 尽量采用省时省力的方法。如，每周去两次超市，采买家里所需的物品，不要想到什么就去一趟超市，这样会浪费很多时间；计划好每天的菜谱所节省的时间之多是你想不到的，所以尽量有计划地采用省时省力的节约时间的方法。

4. 好好利用你每天"浪费掉的时间"。在这些时间里试着去做一些你平时从没时间做的事，其效果会令你大吃一惊。

5. 统筹时间安排，在你煲汤的间歇时间里你可以做很多事情。如清理洗完的衣服，看一会儿书报，化一个淡妆等。

6. 利用现代化工具来省时省力。如，可以上网浏览自己所需的物品，进行网上订购等。

7. 在逛街前最好对自己所要买的东西的价格有一个大概的了解，性价比合适就买下来，不要从头逛到尾浪费时间。

8. 在做一件事时，最好不要中途停止，因为停止后再做就得再多花一半的时间，所以尽量让别人不要打断你。

亚尔诺维·白尼特在其著作《如何利用一天24小时》中曾说："时间的赐予，真是每天的奇迹……你在早晨醒来时，噢！像魔术那样，在你的生命世界里，还有没使用的24小时！这24小时是你的最珍贵的财产。"

可见，我们每个人都拥有同样多的时间，关键就是看你怎样利用和安排了。

第三十章

打理家务要找到诀窍

很多工作可以 5 个步骤完成，而现实生活中，许多女人都用了 16 个步骤去做。

——玛丽·戴尔

对有些女人来说，家务就像是抽不断的蚕丝，似乎永远做不完；而对于另一些女人来说，却总能在把家务打理得井井有条的同时，做一些自己喜欢的事情。为什么会这样呢？因为这些女人找到了打理家务的诀窍。

重新审视工作方法

实际上，每个丈夫都希望在每天看到一个神采奕奕、魅力无穷的妻子，而不愿看到因家务操劳而憔悴不堪、自己都不忍再看第二眼的家庭主妇。

据有关部门研究，无法改进工作效率是家庭主妇的最大缺点。很多工作可以 5 个步骤完成，而现实生活中，许多家庭主妇都用了 16 个步骤去做。所以，要想挣脱出家务的束缚，最好就是来重新审视一下你的工作方法，看看有没有两个步骤就能做完的而自己却花了 4 个甚至更多的步骤呢？

如，做早餐时，如果你从冰箱里把需要的东西一齐拿出来，就会节省时间、精力和资源；不要拿鸡蛋开一次冰箱门，拿面包开一次冰箱门，拿牛奶又开一次冰箱门。

其实做家务节省时间的方法很多，你把海绵和抹布放在房间的角落里，每天随手擦洗，这比起一个星期大擦大洗一次要简单多了；使用"走到哪里，扫到哪里"的方法，如此就不会在周末因有许多做不完的工作而令你沮丧不已。

很多聪明的女人在晚上洗盘碗的时候就顺便摆好早饭时用的餐具，这样可以省下把碟子洗净收好，隔天早晨再把它们拿出来的麻烦，从而使准备早餐的时间更加充分。

所以，聪明的妻子要想将家务打理得井井有理有条，尤其是现在还身陷于其中的女人，最好重新审视一下自己的工作方法，尽量简化自己的工作步骤。

运用统筹方法

家务活是永远都干不完的，而打理家务的诀窍就在于统筹安排时间。

统筹安排时间的方法对于女人打理家务是非常实用的，这种方法简单地说就是要在最短的时间内做最多的事情。如在炉上煮饭的时候，你可以把要做的菜清洗干净，把所用的原料找出备齐，在饭熟后，马上开始炒菜，这样就可以把工作集中在一段时间内完成，从而留出更多的空余时间去干自己喜欢的事情。

因此，你在打理家务时可以充分运用一下统筹安排方法，把家务活相对集中在一段时间里完成，这样你就可以从家务活中脱身而出，做一个快乐的家务高手。

世界上最有魅力的妻子

第三十一章

提高丈夫的社交能力

即使是世界上最害羞的人，如果谈起他最感兴趣的事情，也会娓娓道来。

——珊蒂·克罗丝

已故的福洛连兹·齐格飞曾经是一位出色的艺人，他不使用怪物招徕人，但他可以使女孩子变得很漂亮。据说，他能够使任何一位身材普通、相貌平常的女孩子在他的帮助下变成令人羡慕的美女。鉴于此，聪明的妻子也一样可以利用有效的方法，将木讷的丈夫变成大家喜爱的社交明星。

让丈夫受人喜爱

社交活动是一个人获得成功的必备条件。不管你是卖杂货、卖保险、开飞机或是经营小买卖、为名人写专栏，甚至是主持一家大公司，只有你得到别人的喜爱，才会得到许多事业上的帮助。

作为妻子，你可能在业务上给丈夫帮助的机会不大，但是你只要尽力，就能使丈夫在社交上受到重视。

正如，"你看到他妻子注视他的眼神，就知道他的本性绝不会是个坏蛋了"。这句话曾经把许多摇摇欲坠的公司主管从社交危机之中解救出来。聪明的妻子只要尽可能地帮助丈夫，让他注意自己的言谈举止，帮助他穿衣打扮，提醒他社交时应注意的事项，那么就一定能以女性的特有目光让自己的丈夫赢得大众喜爱。

让丈夫才华毕露

有些女人以为，让丈夫受到别人的重视，就得要炫耀自己。如，尽量穿名贵的衣服招摇过市。其实，聪明的女人都不会采用这种拙劣粗俗的方法。因为她们知道让丈夫成为社交高手的最简单的方法就是在各种场合让丈夫尽显其拥有的才华。

例如，著名的传记作家卡梅隆·西普的妻子卡莎琳经常在他们的家中宴请朋友。在与朋友聚会时，卡梅隆可以用木炭在他们的院子中烤出非常好吃的牛排，而且经常能说出一些非常幽默机智的笑话，使原本社交能力一般的丈夫日趋受到大家的欢迎。

又如，纽约的约瑟夫·福来斯是一位成功的小儿科医师，同时也是一位很有天分的业余魔术师。他的妻子玛格丽特在招待朋友们时，常常会让他们观赏一场即兴的魔术表演。约瑟夫尽其表演才华，玛格丽特和他们的孩子则帮忙助阵，每一次都能获得客人们的交口称赞，约瑟夫的好名声和好人缘也日趋增强。

这些聪明的妻子巧妙地让社交场合里的注意力都集中在她们丈夫身上，自己扮演次要的角色，让丈夫在社交信心增强的同时自然地提高社交技巧，而且这样做会使家庭关系更加和谐。这比起那些张扬的妻子来说，显然高明了许多。

让丈夫融入社交话题

也许你的丈夫在工作上业绩骄人，但是到了社交场合却无所适从，甚至不知所措，因为他没有聊天的经验，也不知道该从何说起。这时，一个聪明的妻子就会不着痕迹地引领丈夫融入大家交谈的话题，使丈夫自然地参加进去。如"哎哟，这使我想起了上个星期我爱人与他的客户的一件有意思的事，你当时怎么说来着，老赵？"这样你的丈夫就可以很自然地接着谈下去了。

作为一个聪明的妻子，你要明白即使是世界上最害羞的人，如果谈起了他最感兴趣的事情，也会娓娓道来。

如，有位年轻的妻子在谈到她如何使她的丈夫从一个男性"墙花"变成一个社交明星时，她说：

　　我丈夫是一个非常热心、受人喜爱的人，但是由于他生性木讷，只有我们这些比较亲近的人才知道，他很少主动去认识新朋友，他的羞怯让别人以为他很冷漠。这给他的工作带来了一些麻烦，为此我开始努力去帮助他。

　　当然，我的丈夫自尊心很强，如果当面告诉他，他肯定会很难过，所以，我想了一个办法，就是要在他不知道的情况下帮助他。我的丈夫很喜欢摄影，于是我就有意识地把我周围朋友中喜欢摄影的人介绍给他，让他们成为按快门的好朋友。

　　每当谈论切磋摄影技巧时，我的丈夫都能与新朋友侃侃而谈，而且在这种无拘无束的谈论中，他们经常能够自然地聊到其他的话题，而且为了我丈夫能与新朋友更容易进入话题，我会时常把他将要碰到的新朋友的情况简要跟他说一点儿，使他有谈话的话题。如，我们今天一块来郊游的李先生是做木材生意的，他的女儿今年刚满 5 岁，特别可爱。

　　由于我的这些努力，我丈夫现在整个精神面貌都焕然一新，他开始喜欢参加聚会，结交新朋友，生活和工作的信心越来越充足。当听到别人说我的丈夫真棒时，我觉得幸福极了。

所以，作为一个聪明的妻子，即使你的丈夫再缺乏社交才能，只要你能投其所好，循循善诱，他一定会成为大家喜爱的人。

世界上最有魅力的妻子

第三十二章

女人是男人最好的推销员

　　成功的男人都知道妻子对他们的重要，因为他们的妻子会巧妙地向世界宣布，她们嫁给了一个多么伟大的人物。

——比尔·伯恩

男人的事业成功度和生活状态，大多是从他们妻子的口中流进人们的耳朵的，所以，聪明的妻子从不会放弃推销丈夫的任何一个场合或机会，她们会不着痕迹地对其丈夫进行赞美。

我的丈夫我推销

聪明的妻子都知道自己对丈夫的态度会影响别人对自己丈夫的印象。因为人都有一种倾向，就是爱受别人评论的影响。如，你对一个小孩说他太笨了，他就会比以前更笨拙；但如果你赞美一个小孩懂事知礼，则这个小孩会更加礼貌。

聪明的妻子都能为她们的丈夫创造出有益于他们发展的形象。她们会有意无意地说出这样的话，"我真想和我爱人一起去参加这个聚会，但是他现在忙死了，他正在处理报上登的M公司的诉讼事件。"或"下星期，我们家老李要去B大学演讲，他太忙了，连我都只能晚上见到他！"

这些妻子随口说出的话会让人们形成一种心理印象，认为她们的丈夫肯定是年轻有为，无形中就起到了推销的作用，甚至增加了拓展事业的机会。

夸夸我的丈夫

很多有涵养的人不喜欢自夸，这固然是一种好品格，但反过来却失去了不少的表现和让别人了解的机会。这时，聪明的妻子就应责无旁贷地站出来为自己的丈夫宣传一番，只要保持良好的风度，"夸夸我的丈夫"是无伤大雅的，甚至能为丈夫创造更多的发展机会。

如，著名的俄罗斯芭蕾舞团演员摩丝西琳·拉金曾是亚利西亚·马尔柯法和亚历山大杜拉·丹尼罗法这两位世界著名舞蹈大师的搭档。在与自己的丈夫亚辛斯基结婚后，他们组建了一个自己的舞蹈团，在全国进行巡回表演。当她的朋友问到她的近况时，她每次都回答："很好呀！你知道吗？亚斯加（她先生的小名）一直就想要组建一个舞蹈团，现在他的梦想实现了。他不仅自己要跳舞，而且还要充当导演与舞团管理的工作，他现在做得好极了。"

许多杰出的演艺人员都拥有表演才能，而当他的妻子又说他拥有经营管理才能时，这无疑会在他原有的名气上增加更多的光环。

我的丈夫最伟大

美国芝加哥律师协会会长柯西曼·毕塞尔在一次集会上曾对他的会员们说："好好地巴结你的妻子，你的妻子可能是你最好的推销员，只要她做得不过火，她能够很得体地夸奖你，但是你却不能学到她那种好风度。"

我们每个人都有自己的缺点，即使是伟大的人也在所难免，像贝多芬是个聋子，拜伦是个跛子，拿破仑怕在大众面前讲演，甚至连勇猛无比的亚契尔斯也有他的弱点，他的脚跟有问题，不能长时间走路。

而聪明的妻子不仅能够使别人注意到其丈夫的长处，还可以将丈夫的缺点降到最低。

如，做生意的人都明白记住别人姓名和样子的重要性，但是这正是让很多人头疼的事。如果你是个聪明的妻子，就不要强迫你的丈夫去记那些他不喜欢甚至根本记不下来的名字，最好自己去记住那些名字，当丈夫正因想不起某个人的名字而尴尬时，你适时冲上去解围。

聪明的妻子还能弥补丈夫后天学习上的缺陷，许多自学成才的大人物就是得益于他们有学识有教养的妻子的帮助。如，安德鲁·约翰逊总统就是结婚后在妻子的帮助下学会读书和写字的。

所以，聪明的妻子从不把自己的丈夫和别人比，她们认为自己嫁的丈夫是世界上最伟大的人，当丈夫的才能被别人埋没时，她们会让丈夫的才华不留痕迹地显露在众人面前。如在与朋友的谈话中无意识地提到丈夫做过的成功的事情，鼓励丈夫发表自己的意见，为丈夫扩大交际圈等。

总之，她们会让人觉得她们的丈夫是那么了不起、那么重要。

世界上最有魅力的妻子

第三十三章

做个家庭理财能手

聪明的妻子能让家里的钱袋永远都充足，因为她们是理财高手。

——戴安娜·斯旺克

脑筋糊涂、大手大脚的妻子，长得再漂亮也不会魅力长驻，因为她们在理财方面的不良习惯会使她们的丈夫背上沉重的经济负担。

更新观念

随着市场经济和全球化的发展，物质的极大丰富，我们能买到的东西越来越多，但是我们现在需要花钱的地方也是越来越多了。如，随着物价膨胀，生活水准的提高，对于一个孩子的教育投资变得越来越大，作为妻子，这都是不得不考虑的问题。

一些妻子可能认为只要家庭收入增加，所有的问题都能迎刃而解，这是一个非常错误的观念，因为据有关专家分析，对大部分人来说，增加收入只是造成花费的增加而已。

所以，聪明的妻子要更新理财观念，精明地花好每一分钱，不能无计划、无目的地大手大脚乱浪费。

做好家庭预算

做好家庭预算，有计划地分配收入，可以保证你和你的家人充分享受快乐。

预算是将家庭的收入有计划地分成目标阶段,用于不同的领域,正确的预算能保证你的家庭生活在成功富足的同时,有其他的金钱去投资孩子的教育和全家的保险。

如果你没有做过预算,那么从现在开始就要学习如何管理家庭钱财。作为妻子,帮助丈夫的一个重要方面就是要使家庭收入发挥出最大的效用。如果你的丈夫赚钱不少,但是大手大脚,你就要帮助他管管钱包。如果他本来就节省,那你可以在此基础上鼓励他,为他增加信心。

在进行家庭理财时,你可以参考一些书报的小建议,如,怎样烹调有营养而价格低廉的餐点,也可以将剩余的钱去找一些投资专家做一些短期稳定的小风险投资。

但是,切记不可以依赖任何媒体上印好的预算计划表,因为每个家庭的财务状况都是不同的,你的家庭预算计划必须是专门为自己家庭定做的,因为没有其他的家庭会和你的家庭完全相同,你的经济问题也是与别人不一样的。

记录开销

记录家庭的开销是为了更好地做好家庭预算。因为你只有在对家庭的收支状况有所了解的情况下,才能知道哪些花销是必不可少

的，哪些花销是可有可无的，哪些花销是浪费的。从而为将来的合理理财做好基础。

如，有一对美国夫妻，当他们开始记录自己的家庭花费后，很惊讶地发现他们每个月有 70 多美元用在了买酒上。可是，他们并不是酒鬼，只不过是一对热情的夫妇，很欢迎自己的朋友在兴致好的时候"到家里来喝一杯"。为此，他们做了一个明智的决定：不能再开免费的酒吧了，而是把那 70 元用在了户外运动上。

预算开销

作为一个会理财的家庭主妇，首先你要把这一年里固定的开销列出来，如食物预算、水电费、保险金等，然后再列出其他的必要开销，如医药费、教育费、交通费、交际费等。

每个人都知道，这并不是件容易的事情，作为一个妻子，在拟定计划时需要决心，需要照顾到每个家庭成员的要求，有时候还需要自己拥有严谨的自制力。作为女人，天生就有一种购买欲，所以制定和执行家庭计划对她们来说可谓是一种严峻的考验，因为她们想拥有的东西太多了，如果有了计划后就要进行权衡。

如，自己是否愿意为拥有一个健康的家而放弃买一件自己心仪已久的大衣而去买一台跑步机；是否愿意为了给丈夫带来方便而放弃自己计划很久的外出旅游，为丈夫买一辆家庭型小轿车。

显然这些决定必须由你和你的家人来做，因为预算开销是固定的。

做好固定储蓄

一个善于理财的女人在预算出固定和必需的开销外，通常会把收入的 10% 储蓄起来或是拿去投资。

有经验的财务专家曾说，如果你能节省家庭收入的 10%，即使每年物价都上涨，几年后你还是可以获得舒适的物质生活。

如，罗斯太太是一个顽固、保守的新英格兰人。她宁愿在中央车站广场脱光衣服，也不愿放弃每年节省家庭收入 10% 的计划。在经济不景气的那几年，她们一家可真是吃够了苦头，她先生的薪水减了将近一半。为此，她买日用品时，必须想尽办法节省每一毛钱。她丈夫也要每天步行 20 多条街以省下公共汽车费。但是，节省 10% 家庭收入的老习惯却保持了下来。这个好习惯让罗斯一家在几年后过上了比别人家相对宽裕的生活。

每当谈到这个好习惯时，罗斯太太都会骄傲地说："有时候，当我们非常需要钱的时候，我十分后悔还要把钱放在一边。但是，我现在很高兴我们维持了储蓄计划。节约的结果使我们到中年时拥有了自己的大房子，并开始享受舒适的生活。"

备足意外用资金

有经验的妻子在进行家庭理财时，往往会听从权威人士的意见，至少有 1 到 3 个月的收入用于应对紧要事件。

但是在实际操作中，一些妻子尤其是喜欢储蓄的妻子常常会发现这是一件很难办的事，由于经常会有想不到的事情发生，存下钱用于此种目的的机会很少。

因此，理财有道的妻子们不再断断续续地隔几周才一次存几百块钱，而是每周固定地存下 200 块钱，因为这样的效果更好。

为家庭保险

为家庭中的每个人上份保险是聪明妻子的又一理财之道，因为她们知道保险不仅是经济上的投资，更表现出了自己对丈夫、孩子的关爱，保险会带给家庭更多的安宁、幸福与利益。

著名的人寿保险专家在谈到家庭保险时，一般都会要求妻子们回答以下的问题：

如，你是否知道，经过人寿保险，你的家庭能够得到的利益有哪些？是否知道，一次性付款和分期付款有什么不同？各自的优劣体现在什么地方？是否知道，付款的方法有多少种选择？是否知道现代人寿保险的双重作用？即如果受险人太早去世了，人寿保险就可以保护受险人的家庭，如果他活着要享受余年，人寿保险就可以供给他独立生活的费用。

这些问题，家庭里的每一个成员都应该知道。因为无论谁发生了意外，懂得有关人寿保险的知识，可以解除家庭的困难和忧虑。

著名作家爱得生和玛丽·南丘斯在他们的著作《建立成功的婚姻》中曾谈到，家庭收入的花费往往是婚姻生活中必须调节、适应的主要地方。

所以，聪明的女人要使自己变成理财能手，就要好好处理家庭收入，以便激励丈夫去赚更多的钱。

世界上最有魅力的妻子

第三十四章

呵护丈夫的健康

我从来不让丈夫吃过多的油腻食物，他的健康是我和孩子幸福生活的保证。

——琼安·洛佩茨

聪明的妻子从不会赖床，因为她们要保证丈夫能吃上一顿不慌不忙的营养早餐。她们明白只有拥有好身体，才有幸福的未来。

科学饮食

据有关健康专家研究指出，只要不断地给丈夫吃油腻多脂和高淀粉的食物，使他的体重超标15％～25％，那你就达到"谋杀亲夫"的目的了。

大多数男人随着年龄的增加，活动会越来越少，体重会越来越重，而随着堆积在丈夫身上的脂肪的增多，各种疾病也会随之而来，严重影响他们的健康和工作状态。因此，聪明的妻子会让丈夫养成良好科学的饮食习惯，以保持他们的健康生活。一般来说，科学的饮食习惯应该从以下几个方面入手：

1. 每天摄取热量约1 000～1 500卡路里的食物，并且固定补充矿物质与维生素，以维持身体的健康。

2. 改变用餐时的顺序，先喝汤，再吃蔬菜类的食物，肉类食物和米饭最后再吃。因为先吃热量低的食物，可以减少对高热量食物的食欲。

3. 每餐只吃七分饱，不要吃到撑了还不停口，最好采取少食多餐的饮食习惯。

4. 吃完饭后，不要急着躺下来休息，稍微活动一下，可以让脂肪在尚未储存前就先消耗掉。

5. 减少油脂的食用量，油类中含有大量脂肪，而脂肪所含热量是蛋白质和糖类的两倍以上。

6. 口渴时，只喝白开水，汽水和可乐中含有高热量，尽量避免饮用，而多喝开水，还可以促进新陈代谢，帮助热量的消耗。

7. 富含高热量的食品，像巧克力、蛋糕、油炸食物等，不轻易食用。

只要针对食物的不同特性，远离油脂类的高热量食物，多吃含有丰富纤维质或低热量的食物，就可以不用忍受饥饿之苦，并且维持自己的体重在适当程度。

因此，聪明的妻子在保持丈夫的身体健康时，可参照上述的科学饮食习惯，让丈夫只增精神，不增体重。

注意丈夫的体重

男人到了一定年龄后，如果不做运动，体重会只增不减，从而引起肥胖症及其带来的综合症。当你丈夫的体重超标 1% 的时候，就要引起注意了。

作为妻子，不能讽刺丈夫的肥胖，更不能让他们自行减肥，或是服用大量的减肥药。在使用任何减肥方法以前，一定要遵医嘱。

为了配合医师的处方，作为妻子，你要尽量给丈夫做低脂肪、低热量、美味可口的食物。流行于欧美的"天然卫生法"很值得借鉴。这种方法强调："饮食正确为健康之本"，"肠胃健康是身体强壮之本"。同时也认为：人类的一切疾病皆由体内的毒素引起。事实上，这些毒素的来源就是不正确的饮食、空气的污染、压力造成的内分泌失调及不正确心态引起的荷尔蒙紊乱。因而涤清我们体内毒素的最佳方法就是每天多吃一些天然的富含水分的食物。植物中有多种富含水分的食物，如水果、蔬菜等，它们都能提供给我们丰富的水分和维生素及排毒的物质。

因此，妻子可适当地让丈夫多吃一些水果、蔬菜等富含水分和维生素的食物，以减轻丈夫的体重。

让丈夫得到充分休息

当你丈夫整天疲于为向上爬而奔波时，他所面对的压力、紧张和过度操劳，可能会使他短寿。所以当升迁或赚钱的代价是丈夫的早死的话，那作为聪明的妻子就应该积极劝说他放弃这样的机会。如果他对自己的鞭策太严，你就应该鼓励他满足于稍低一层的成就。因为你的态度对他往往具有决定性的作用。

注意呵护丈夫的健康，还要让丈夫能够得到充分的休息，不能让他们感到疲倦，而短暂的放松往往能收到意想不到的效果。

适时的小憩能使人的生命延长，如美国军队每行军 1 小时，就要强迫士兵们休息 10 分钟。小说家索莫西·毛姆 70 岁时仍精力充沛，也得益于每天午饭后的 15 分钟小睡。

所以，如果你的丈夫每天回家吃午餐，在他回去工作前，让他躺下来休息 10 ~ 15 分钟；鼓励他在晚餐以前小睡片刻，这些都可以使他精力更充沛，生命更长久。

如果你的丈夫有失眠的毛病，千万不可掉以轻心。充足的睡眠是保持一个人身体健康的最基本的条件。当你的丈夫陷入失眠的痛苦中时，除了求助于医生外，还可以采用心理暗示法。

大卫·哈罗·芬克博士在他的著作《消除神经紧张》一书中曾提出治疗失眠的最好方法就是和自己的身体交谈。芬克博士认为，语言是一切催眠法的关键，如果你一直没有办法入睡，那是因为你使自己得了失眠症，唯一的解决方法就是你要从这种失眠状态中解脱出来，为此，你可以向你的肌肉说："放松、放松……放松所有的紧张。"

另外，治疗失眠还可以参考以下 3 种方法：

1. 如果睡不着，就直接起来工作或看书，直到困得不行为止。

2. 不要为失眠而发愁，从而造成心理压力，因为从来没有人因为缺乏睡眠而死。为失眠忧虑对人的损害通常会比失眠本身更严重。

3. 多参加运动，这样会让你因为体力劳累而提高睡眠的质量。

让丈夫保持精神愉快

如果丈夫在回到家后迎接他的是妻子喋喋不休的唠叨和抱怨，那么长此以往会对丈夫的身心造成极大地损害。丈夫也会因此变得忧虑、暴躁、精神抑郁、紧张。其结果很可能导致丈夫暴饮暴食或是整天精神不集中，对其身体造成严重的伤害。

康乃尔大学的哈利·古德博士就曾说："人们在不快乐的时候，或是为了从压抑或紧张中得到解脱，他们通常会大吃一顿。"

所以，聪明的妻子应该为丈夫营造一种愉快、温馨的生活氛围，让丈夫的精神在家中能够得到彻底放松，这对呵护丈夫的健康是至关重要的。

第三十五章

每天都要增加爱情的深度

那些生活中没有争吵的人，鲜能经历最大的快乐。彼此互相原谅，这是爱里最温柔的部分。

——约翰·涅菲尔

许多女人碰到危机时，都能够应付自如，但遗憾的是，她们经常忘记每天带给丈夫最渴望的爱情面包。

爱的力量

爱是人类的精神食粮，我们靠着它生存和成长。如果没有爱，我们的道德心就会扭曲变质。如，美国男孩汤姆，在他 19 岁的年轻历程中有 10 年以上的时间是在孤儿院、监狱和感化院度过的，他说："我最需要的就是有人来爱我，但是从来就没有人爱我或要我。在我 16 岁以前，我从来没有得到过一件圣诞礼物。"

这些缺乏情感的孩子为了弥补这种情感空虚，常常会去犯罪，这就像一个饿昏了的人，当他找不到食物的时候，即使有害身体的食物也会吞下肚去。

夫妻之间的爱情同样如此，爱的力量无与伦比，爱情在每天都能创造出奇迹。你与你丈夫之间的爱情是他工作生活的原动力，因为如果你们真心相爱，就会甘心为彼此尽力去做每一件事，使对方快乐。

其实，在享受夫妻间的爱情时，这种爱的好情绪也会使子女更幸福。美国家庭关系协会会长保罗·柏派诺博士在全国教师家长联盟会上讲演时就曾说过："教师家长联谊会，如果愿意在年会里完全不谈小孩子的事情，而讨论如何使丈夫和妻子更加相爱，也许会对小孩子的幸福有更大的贡献！"

说出你的爱

在现实生活中，女人在面对丈夫失业、患绝症或被关进监狱时，能够像高山上的岩石一样坚强，鼓励和帮助丈夫渡过难关。但是，当生活进入稳定而又平淡的常态时，很多女人就忘了告诉自己的丈夫她们是多么地爱他们，他们在自己的心目中是何等的重要。

曾经有人把夫妻间冷淡的爱情叫做"精神食粮不足"，尤其对男人来说，这是一个很恰当的比喻。因为男人不是只吃饱就活得下去的，有时候，他们也需要一块爱的蛋糕，最好在上面再撒些蜜糖。

正如著名婚姻关系专家德洛西·狄克斯所说的："妻子们总是抱怨说，她们的丈夫对自己的存在视而不见，从来就不赞美她们，注意她们身上所穿的衣服，不给她们明确的爱的表示。但是，这些女人对待她们丈夫的态度其实也同样是冷淡的，她们会对丈夫去追求别的女人迷惑不解，殊不知这些女人正是懂得称赞他们英俊、雄伟、健壮与迷人者。可见，爱情的饱渴并不是女人专有的一种疾病，男人也会患这种病的。"

聪明的妻子要明白，现代有90％的男人结婚是为了延续他们的爱情，所以继续给爱情加温，才能从丈夫那里得到更多的注意力。

温暖你的爱情

　　我的朋友是一个单身汉，在聊到为爱情加温时，他是这样说的："我从经验里发现，女人不能兼顾爱情和打理好家务。当你看到某个家庭过于干净整齐时，这个家庭的夫妻之间的爱情可能已经就像他们机械化的家庭那样也变得麻木了。从来没有一个能时常用爱情温暖丈夫的妻子能够做个完美的家庭主妇。"

　　我这个朋友的话虽然有些夸大，但也不无道理，尤其是对那些只看见树木，而忽略掉整座森林的妻子。聪明的妻子不会过分注重细节，不会让小事搅得家里不安宁，她们会适时地闭上自己的一只眼睛，专心去温暖她们的爱情。

表现出宽容

　　一般来说，只有互相深爱的人才能结婚，才会共同憧憬美好的未来。这其中许多妻子愿意为丈夫作出各种牺牲，但是却常常为一些小事耿耿于怀，如嫉妒丈夫从前的女朋友。

如果你的丈夫无意间提及他今天遇见了他以前的女朋友时，你千万不要刻薄地说："噢，就是那个爱穿真丝，牛排只要四分熟，说话怪里怪气的女孩子吧！"这样会让你的丈夫觉得你心胸狭窄，好嫉妒。

聪明的妻子会尽量去找一些她身上的优点去赞美，如果想不出来，她们也会顺口编出一些，以体现自己的宽容大度。

对丈夫也要言谢

每个人都有被尊重的愿望，丈夫也不例外。当他们在结婚后，陪妻子去看电影，不在节日就送花，甚至每天早晨替妻子倒垃圾时，他们都期望得到妻子的赞扬和感谢。如果妻子对丈夫所做的事情都视为理所当然而不加以致谢，无疑会挫伤丈夫取悦妻子的行为。

现实生活中，丈夫其实每天都在为妻子和家里服务，许多妻子没有察觉是因为她们对丈夫的这些行为早已习以为常了。

如我有一个朋友经常抱怨她的丈夫什么也不帮她，既不会给小孩换尿布，也不会拧紧松掉的水龙头。可是，有一次她丈夫去欧洲出差，她才很惊讶地发现，她的丈夫其实每天为她做了许多琐事，这一走才发现了她丈夫的"价值"，而她却没有为此向丈夫表示过一次感谢。

所以，聪明的妻子要珍惜和鼓励丈夫的任何一个微小的帮助，

并经常表示感谢，这样才能让丈夫"愈战愈勇"，爱情的温度也才会越来越高。

互敬互爱

夫妻之间贵在互敬互爱，夫妻双方都要了解对方的生活习惯，不能每天都在丈夫想要换上拖鞋休息时，自己却急匆匆出门，保持夫妻间的爱情温度就要相亲相爱，互敬互怜。

正如妻子对丈夫会表示感谢一样，丈夫对妻子的爱也不会无动于衷。安格斯就是其中一位代表，在谈到他的妻子时，他说："很可能是因为我要了这个女孩子，所以我才比大部分的男人更加幸福，我所能给她的最大的赞赏就是对她说，如果我能够回到32年前，而且了解我现在了解的事情，我仍然愿意再和她结婚——只要她愿意再嫁我！我所获得的任何成功都直接来自于这位可爱妻子的陪伴。"

可见，如果你的丈夫能从你深挚的爱情中得到幸福和安心，那么，他带给你高标准、高舒适生活的机会也会大大增加。

第三十六章

"性"福带来幸福

婚姻生活的不美满，绝大部分可归咎于性生活的不和谐，只有最差劲的精神病学家才会否认这种说法。

——汉弥尔顿

"性"是人类生活中最重要的一件事，婚姻生活中，

促使大多数男女生活触礁的也就是这件事。

"性"福巩固婚姻基础

获得"性"福是男女结婚、步入婚姻生活的一个主要目的。"性"福当然不是让夫妻双方追求荒淫无度的生活，而是在双方结合时感到安全、满足，看到生活的美好和希望。

如果你和丈夫之间性生活不和谐，要马上进行调整，切不可因为不好意思而羞于启齿，让事情恶化甚至导致婚姻破裂。作为妻子，如果你不好直接开口，可以给丈夫做一些暗示，或是借阅一些有关方面的书籍放在丈夫的书桌上，聪明的他自然会明白。其实夫妻之间大可坦诚直言，尤其是现代社会的发展，让人们对"性"的话题不再避讳，这是一个夫妻间再正常不过的事情了。

所以，面对夫妻间的性生活，双方大可不必为此尴尬、忧愁。要把性生活作为夫妻生活的一个重要组成部分，给予足够的重视。不和谐时要想办法让双方变得和谐愉快；和谐时也要不断"精益求精"，让双方获得更大的满足感和安全感。因为夫妻间的"性"福是夯实婚姻的基础，是维系夫妻双方爱情的重要纽带。

"性"福让婚姻延续

　　美国某知名公司的企业代表汉克先生在与心仪的女人步入婚姻殿堂后，双方的婚姻生活却陷入了危机。从蜜月旅行开始他们的婚姻就令人失望，但为了各自的面子，他们的婚姻就在这种情况下维系了两年，直到汉克先生读到《理想婚姻》这本书。

　　这本书由韦尔迪博士撰写，主要内容都是描写婚姻生活中有关"性"的知识，这本书言简意赅，但却不粗俗，阅读完这本书后让汉克大喜，同时也把这本书推荐给了妻子。正是这本书使他们这个濒于破裂的婚姻变得既快乐又幸福。为此，汉克先生不止一次地对朋友们说："如果我有 100 万美元，我会将那本书的版权买下，印它几百万册，免费送给所有的夫妻。"

　　汉弥尔顿博士也在他的著作《婚姻的毛病何在》中说："婚姻生活的不美满，绝大部分皆可归咎于性生活的不和谐，只有最差劲的精神病学家才会否认这种说法。从任何角度来看，如果性关系本身已获得了满足，则另外许多婚姻生活上的不美满都好商量。"

　　可见，"性"生活对婚姻生活的重要作用。

世界上最有魅力的妻子

第三十七章

举案齐眉，相敬如宾

　　幸福婚姻的前提是：各自努力去满足对方的需要，但是完全满足是不可能的，因此也应该学会明智地承认现实。

——奥斯本

殷勤有礼对于婚姻，就像机油对于马达一样重要。但愿太太们对待她们的丈夫就像对待陌生人一样有礼。如果女人像个"母老虎"，任何男人都会跑掉。

家庭是汽车，礼貌是汽油

美国大演说家勃雷的夫人丹姆洛契曾这样说："我们选择自己的伴侣时，必须审慎小心；其次就是婚后，要注意彼此的礼貌。年轻的妻子们，不妨就像对待一位客人一样，温婉有礼地对待自己的丈夫。任何丈夫，都怕自己的妻子是个骂街的泼妇。"

无礼、粗暴，都会摧毁爱情的果实。这个事实我相信谁都知道，可是我们对待一位客人，总是比对待自己家里人有礼貌得多，这也是当然的。

我们绝不至于突然插嘴对一位客人说："老天！你又在说那些陈腔滥调的老故事了！"

"有一种内在的礼貌，它是同爱联系在一起的。它会在行为的外表上产生出最令人愉快的礼貌。"歌德如是说。

我们绝对不会尚未获得他人的许可，就拆阅人家的信件。同时，我们也不会窥探别人的隐私、秘密。可是，当我们面对最亲密的家人时，只要发现到他们有一丝的过错，就会公然斥责，侮辱他们。让我们来看看狄克司的话吧："那是一桩令人惊诧的事，可是那却是事实。我们所说出的那些刻薄、侮辱、伤感情的话，差不多都是用来针对家人的。"

瑞斯诺说："礼貌是内心的一种特质，它可以教人忽略破旧的园门，而专心注意到园内的好花。"

礼貌在人们婚后的生活中，就像汽车离不开汽油一样重要。

贺尔姆对家里的人，体贴谅解，无微不至。他即使心里有不愉快的事，也一定把自己的忧烦藏起，不从自己脸上显现出来让家里的人知道。

贺尔姆能做到这一点，可是一般人又如何呢？一般人若是犯了错误，遇到了不愉快的事，办砸了生意，被老板批评了几句的时候，就巴不得赶快回家，把从办公室里受到的那股"窝囊气"，发泄到家人的身上。

把烦恼扔在家门外

荷兰人有一种风俗，人们进屋子前，把鞋子脱在门外面。我们可以向荷兰人学习他们这个良好的习惯。回家进门前，把一天所遇到不如意的事，都扔到门外，然后开门进去。

詹姆士曾经写过一篇文章，题名为"人类的某种愚蠢"。他在文章里这样写道："本文现在所要讲的，是人类的盲目愚蠢。每当我们遇到与自己感受不同的人时，我们总会感到有种无谓的烦恼在

困扰着我们。"

每个人都有这种盲目的愚蠢。有很多男士，他们不会对顾客或是同事声色俱厉地说话，可是会毫不考虑地向他们的太太发威。

如果某个人能静下心来，为自己和家庭的幸福考虑，那他也就应该知道，婚姻远比他们的事业更重要。一个获得美满婚姻的人，远比一个孤独的天才更为幸福、快乐。小说家托琴尼夫备受人们的敬仰，可是他却这样说："我宁愿放弃我所怀有的天赋和我的著作，来换取在某个未知的地方，有一个女人，她真诚地关心我是否可以早点回家吃晚饭。"

那么，获得幸福婚姻的机会究竟有多少呢？狄克斯女士这样表示说，她认为婚姻失败的比例，要占多数。可是鲍宾诺的意见却并非如此，他说："一个人在婚姻上成功的机会，比在其他任何事业上的成功机会要大得多。一个开杂货店的男人，失败的概率要占到70%；可是走入婚姻的男女，总有70%是成功的。"

关于婚姻的问题，狄克斯女士有下面这样一个结论："如果与婚姻比较，人的出生，只不过是短暂的一幕，至于死亡，那更不是一件重要的事了。"

女人始终无法了解：为什么男人不把家庭也看做一项事业，他们为什么不努力使这项事业蒸蒸日上，从而建立起一个甜蜜、美满的家庭呢？

虽然有相当部分的男士们，认为娶到一个满意的妻子和有一个美满的家庭，比获得亿万财富还重要。可是在一般男士心目中，很少有人会对自己的婚姻投注满腔的心血，他们也不愿为之付出努力，以期获得他们婚姻的成功。他们把一生中最重要的事情，孤注一掷在机遇上。他们认为成功或失败，那是要看运气如何！女人们永远不明白，为什么那些男士们，从不把那些外交手腕用到他们的妻子身上？要知道，如果他们不再用欺压的手段，而是采取宽容政策，那么他们的婚姻的成功率就会大大提高。

每个男人都知道，他可以毫无目的地差遣自己的妻子做事。但如果他知道称赞太太几句，称赞她是能干的主妇，那么她必定会更加尽她的本分，从而把事情做得尽善尽美。如果有个做丈夫的，赞美他太太去年做的那套衣服，如何的美丽，那么她绝不会打算今年再订做一套巴黎新式的时装。

每个男人都知道，他们可以把妻子的眼睛吻得闭了起来，直到她盲如蝙蝠；只要在她的唇上热情地一吻，即可使她哑如蚌蛎。

每个妻子都知道，丈夫有能力仅凭几句称赞的话，就能使自己笑口常开。可是面对冷漠的丈夫，妻子们往往不知所措，她们不知道是应该敬爱他，还是要去讨厌他。因为他宁可在和妻子吵闹后，耗费些钱，去替她买新衣、新车、珠宝等东西，也不愿意奉承她几句。他不愿意满足她的需要，不愿意温柔体贴地对待她。

世界上最有魅力的妻子

第三十八章

用忙碌排解生活忧虑

忙碌的人没有掉眼泪的时间。

——英国谚语

在图书馆、实验室从事研究工作的人，很少因忧虑而精神崩溃，因为他们没有时间去享受这种"奢侈"。

没有时间去忧虑

有个叫马利安·道格拉斯的学生说，他家里曾遭受过两次不幸。第一次他失去了可爱的孩子——他5岁的女儿，当时他和妻子都认为这将是他们一生中最痛苦的事情。更不幸的是，4个月后，他们的第二个女儿也夭折了——她仅仅活了5天。接二连三的打击让他们无法承受：

"我睡不着觉，吃不下饭，无法休息和放松，我的精神颓丧，信心丧失殆尽。安眠药和旅行也不再起任何作用，我的身体好像被夹在一把大钳子里，而这把钳子愈夹愈紧。感谢上帝，我还有一个4岁的儿子，是他教会了我如何去解决问题。一天下午，正当我坐在地上发呆时，他问我能不能给他造一条船。我实在提不起兴趣，可这个小家伙很缠人，最后我只得依了他。

"造那条玩具船大约耗费了我3个小时，等做好我才发现，在那3个小时里，我这么多天来第一次完全放松了。这个发现让我醒悟过来，几个月来我终于能冷静下来思考了。我明白了，如果我使自己忙碌起来，就很难再有空闲去忧虑。对我来说，造船这件小事把我的忧虑情绪赶跑了，因此我决定让自己忙起来。

"第二天晚上，我巡视了每个房间，把所有该做的事情列成一张单子。书架、楼梯、窗帘、门把、门锁、漏水的龙头等许多东西都需要修理。两个星期内，我列出了 242 件需要做的事情。

"在过去的两年里，那些事情大部分已经完成。另外，我也使我的生活里充满了启发性的活动：每个礼拜，有两个晚上我到纽约市参加成人教育班，并参加了一些小镇上的活动。我现在是校董会的主席，参加许多的会议，并协助十字会和其他的机构募捐，我现在简直忙得不可开交，因而没有时间去忧虑。"

柯特林先生一直是通用公司的副总裁，负责世界知名的通用汽车研究公司，可是当年他却穷得要用堆稻草的谷仓做实验室，家里的开销全靠他妻子教钢琴所得的那 1 500 美元酬金维持。当有人问他妻子在那段时间是不是很焦虑，她回答说："是的，我担心得睡不着觉。可是柯特林却一点儿也不担心，他整天埋头工作，没有时间忧虑。"

让自己沉浸在充实的工作中

伟大的科学家巴斯特曾说："在图书馆和实验室能找到平静。"因为在那里，人们都埋头工作，不会为自己担忧。做研究工作的人很少有精神崩溃的，因为他们没有时间来享受奢侈。

心理学有一条最基本的定理：不论一个人多聪明，都不可能在同一时间内想一件以上的事情。如果你不相信，请靠坐在椅子上闭

起双眼，试着同时去想自由女神像的维修问题和你明天早上准备要做的事情。

你会发现你只能轮流想其中的一件事，而不能同时想两件事情。你的情感也是如此。我们不可能既激动地计划明天的事情，同时又因为担忧而打算延迟这个计划。一种感觉会把另一种感觉排出大脑。这个简单的发现却使军队中的心理治疗专家在战争中创造了奇迹。

一些从战场上退下来的战士常患有"心理上的精神衰弱症"，军医就用"让他们忙碌"来治疗。除睡觉外，他们的每一分钟都十分充实：钓鱼、打猎、打球、拍照、种花以及跳舞，根本不让他们有时间去回想那些可怕的经历。

"职业性的治疗"是近代心理医生所用的名词，也就是把工作当做治病的手段。其实早在 500 年前，古希腊的医生就已经采取这种方法来治疗精神上有问题的病人了。

在富兰克林时代，费城教友会也用这种办法治疗精神疾病。1774 年，有位先生去参观教友会的疗养院，惊讶地发现那些精神病人们正在纺纱织布。这位先生认为病人是在被迫劳动，但后来教友会的人向他解释说，他们发现那些病人只有在工作时，病情才能真正有所好转，因为工作能安定神经。

著名诗人亨利·朗费罗的妻子不幸因烧伤而去世，他几乎发疯了。幸好他尚有 3 个幼小的孩子需要照料。他父兼母职，带孩子们去散步，给他们讲故事，和他们一起嬉戏，并把他们父子间的感情记载在"孩子们的时间"一诗里。此外的闲暇时间里，他还翻译了但丁的《神曲》。忙碌的生活使他重新得到了思想上的平静，就像班尼生在他最好的朋友亚瑟·哈兰过世的时候曾说过的那样："我一定要让自己沉浸在工作里，否则我就会陷入无休止的绝望当中。"

对大多数人来说，在做日常工作，忙得团团转的时候，大脑没有多余的地方来盛放"忧虑"。但下班之后——就在我们能自由自在地享受悠闲和快乐的时候——忧虑这个恶魔就会开始向我们进攻。这时候，我们常常自寻烦恼：我都有什么成就、我的工作有没有步入正轨、上司今天说的那句话是否有"特殊含义"，甚至会为自己的脱发而感到烦躁不安。

空闲的时候，大脑就处于一个"真空"状态。每一个学物理的学生都知道，"自然界中没有真空状态"。灯泡一旦被打破，空气就立刻钻进去，去填充在理论上来说是真空的那一块地方。

你的头脑空闲下来的时候，也一样会有东西填充进去。那么，填充物是什么呢？通常是你的思想。为什么呢？因为忧虑、惧怕、憎恨、嫉妒和羡慕等情绪都是由思想所控制的，它们会把思想中所有平静的、快乐的思想和情绪都赶出去。

马竭尔是哥伦比亚师范学院教育学系的教授，他这样说道："忧虑最能伤害你的时候不是在你有所行动的时候，而是在一天的工作结束以后。这时你的思维因为疲倦而变得混乱，每一个小错误都能被你无限地夸大。你的思想就像一辆没有装货的车子，横冲直撞，直至把你自己也撞成碎片。消除忧虑的最好办法就是让自己忙碌起来，做些有意义的事情。"

其实每个人都明白这个道理，也能把它付诸实践。第二次世界大战时，住在芝加哥的一对夫妇他们的儿子在珍珠港事件的第

二天参加了陆军，而这位夫人因为过于担心的缘故，几乎病倒在床。

有人问她后来是怎么克服忧虑的，她回答说："我让自己忙着。"最初她把女佣辞退，想让自己忙于家务，可是没有什么效果。"我做家务基本上是机械劳动，完全不用脑子。因此我需要有一个新工作，能让我全心全意地投入工作。于是，我在一家大百货公司当了售货员。""出乎意料的是，"那位夫人接着说，"顾客挤在我四周，不停地向我询问关于价钱、尺寸、颜色等方面的问题，我的大脑没有一秒钟的空闲，自然也不会再去担心。等到晚上，我只想着如何才能令双脚充分休息。每天吃过晚饭后，我倒头便睡，既没有时间，也没有体力再去忧虑。"

约翰·考伯尔·伯斯在《忘记不快的艺术》一书中说："舒适的安全感、内在的宁静都能使人在专心工作时拥有良好的精神状态。"

世界上最著名的女冒险家奥莎·琳达是一个传奇性的人物。她 15 岁结婚。25 年来，她与丈夫一起周游世界各地，拍摄亚洲和非洲逐渐绝迹的野生动物的影片。9 年前他们回到美国，到处做旅行演讲，放映他们所拍摄的电影。然而，他们在飞往西海岸时，飞机撞到了山上，她的丈夫当场死亡。而她则被宣布终生不能再下床了。可是，5 个月后，她却坐在轮椅上发表演讲。当问她为什么这样做的时候，她说："我之所以这样做，是让我没有时间再去悲伤。"

海军上将拜德在覆盖着冰雪的南极小屋里单独住了 5 个月，方圆百里之内，除了他，没有其他的生物。天气寒冷，连呼吸似乎也要被冻结了。在《孤寂》一书中，他描述了在那既难熬又可怕的黑暗里所过的 5 个月的生活，他必须时刻忙碌才不至于发疯。

他说："晚上熄灯之前，我就安排好第二天的工作。比如：花一个小时的时间去检查逃生的隧道，花半个小时的时间去挖坑，花两个小时的时间去修拖人用的雪橇……把时间分开安排是非常有益的。它能使我产生一种主宰自我的感觉，否则，生活就变得没有目的，而如果我失去了生活的目的，我的身心迟早会分成两半。"

原哈佛大学医学院教授理查·波特在他的《生活的条件》中指出："作为大夫，我很高兴看到工作可以治愈病人。很多人都染上那种由于过分恐惧、迟疑、踌躇所带来的病症，而工作能带给人们战胜心理疾病的勇气。"

如果你每日闲坐着发呆，就会产生一大堆被达尔文称为"胡思乱想"的东西，而这些"胡思乱想"的东西就像传说中的妖精，会掏空你的思想，摧毁你的意志。

赶走"胡思乱想"的最佳方法

沙林吉夫人是一位很沉稳、文静的妇女，她给人的印象是：她从未被忧虑困扰过。那么她怎么排解忧虑的？她是这样回答的：

"我的生活曾经差点被过度忧虑毁掉。在我学会克服忧虑情绪之前，我一直生活在自怨自艾的苦海中，整整度过了 11 年。那时我的脾气不好，很急躁，我的神经总是高度紧张，如同拉满了的弓弦。就连上街购物时，我都免不了忧心——厨房的煤气管道会不会漏气；炉灶是否关好了；不会把房子烧掉吧；佣人会不会携款跑掉；孩子们在公园里是否安全……我常常担心得直冒冷汗，以至于冲出商店，跑回家去，看看一切是否安然无恙。因此，我的第一次婚姻也以失败告终。

"我的第二任丈夫是一位律师，他有很强的分析能力，从不为琐事烦恼。每当我紧张或焦虑的时候，他就对我说：'不要慌，好好地想一想，你真正担心的到底是什么呢？让我们来分析一下概率，看看这种事情发生的可能性有多大。'

"记得有一次，我们在新墨西哥州的公路上遇到了一场暴风雨。道路很滑，使得车子也难以控制。我想我们准会滑到路边的沟里去，可我的丈夫则说：'我现在开得很慢，不会出事的。就算车子滑到沟里去，翻车的可能性也很小，我们不会受重伤的。'他镇定的态度影响了我，使我慢慢平静了下来。

"去年夏天，我们到山区露营，并把帐篷扎在海拔 7 000 英尺的高地上。一天晚上，我们再度遭遇了暴风雨，帐篷在大风中摇晃着，发出尖厉的声音。我不禁想：帐篷要被吹垮了，要飞到天上去了。当时我真被吓坏了，可我的丈夫说：'亲爱的，我们上山前问过这里的印第安向导，他们已经在这儿住了六七十年，对这里了如指掌，他们从没听说过这里有帐篷被风吹跑的事故发生。因此，我们的帐篷被风吹走的概率很小。就算是真的被风吹跑了，我们也能

躲到其他的帐篷里去，因此你不用紧张。'我松了一口气，安心地
睡着了，而那个晚上什么意外也没有发生。

"根据概率来看，这种事情不会发生。这句话驱除了我惯有的
忧虑情绪，使我的生活变得十分平静。"

对丈夫说出你的心里话

产生疲劳的另一大原因是烦闷。打字员温迪小姐工作了一天
之后傍晚才回到家中。她腰酸背痛，疲惫不堪，没有胃口，只想
睡觉。正在这时，男朋友打来电话邀她去跳舞。顿时她的眼睛亮了，
精神也振作起来了。她换上衣服，冲出门去。一直跳到凌晨3点
才回家，而此时她一点儿也不疲倦，正相反，她兴奋得睡不着
觉了。

看得出来，傍晚时分让温迪小姐如此疲劳，是因为她对工作感
到厌烦，这种厌倦的情绪甚至影响到了她的生活。

约瑟夫·巴马克博士在《心理学学报》上发表了一篇报告，报
告谈到了他的一次实验：他安排一大群大学生参加一连串的实验工
作，这些工作都是他们不感兴趣的。结果学生们都觉得疲倦，甚至
是头疼、眼睛疼，而且总打瞌睡，脾气也随之变得暴躁，甚至有几
个人表示自己的胃不舒服。通过给他们化验得出结论，一个人烦闷
的时候，他体内的血素和氧化作用会有所下降。但当一个人兴趣盎
然的时候，其新陈代谢作用就会加速。

当你在做一些有乐趣、令人兴奋的工作时，就很少会有疲倦的感觉。

哥伦比亚大学的蒙德博士经过多次调查和实验得出结论："工作效率降低的真正原因是烦闷。"

杰罗米·凯恩的音乐喜剧《画舫璇宫》中的主人公曾说："能做自己喜欢做的事情的人是最幸运的人。这是因为他们精力更充沛，快乐更多，而忧虑和疲劳都比较少。"

一个人兴趣所在的地方就是他能力所在的地方。

下面是一位打字员小姐的例子：她在俄克拉何马州托沙城的一个石油公司工作。每个月她都得做一件最乏味的工作，填写石油销售报表。她为了提高工作情绪，就想出了一个办法，把它变成一项有趣的工作。

这位打字员小姐是怎么做的呢？她每天跟自己竞赛。她统计出上午打印的数量，然后争取在下午打破纪录。再统计出第一天打印的总数，争取在第二天打破纪录。这样一来，她的速度比别人快得多，而且有助于防止烦闷带来的疲劳，她因此节省了体力和精力，在休息时间也得到了很多的快乐。

下面是另一位打字员小姐的故事。她发现，假装工作会使人得到很多的报偿。她叫维莉·莎拉，家住伊利诺伊州。她在信上讲述了下面的故事：

我们办公室一共有4位打字员，分别替几个人打信件。我们经常因工作量太多而加班。有一天，副经理坚持要我把一封长信重打一遍，我告诉他只要改一改就行，不需要全部重打。可他对我说，如果我不做他就另外雇人了，我气得要死，但为了这个职位和薪水，我只好假装愿意重新打这封信。打着打着，我发现如果我假装自己对工作有兴趣的话，我的工作速度就会加快。这种工作态度使我受到大家的好评，后来一位主管请我去做私人秘书，因为他了解我乐于做一些额外的工作而从不抱怨。心理状态的转变给我带来了好运。

维莉·莎拉小姐运用了汉斯·威辛吉教授的"假装"哲学，他教我们要"假装"快乐。如果你"假装"对工作有兴趣，这种假装就可以减少你的疲劳、忧虑和烦闷。

在多年以前，另一个年轻人在一家工厂做着件无聊的工作。他觉得整天站在车床边上加工螺丝钉非常乏味。他很想辞职，可又怕找不到工作。

既然非得做这件枯燥的工作不可，那就让这件工作变得有趣味吧。下了这样的决心后，他就和旁边的一个工人展开了产量竞赛。因此，他们的领班对他的生产速度和质量深为赞赏，不久就将他提升到一个高一级的职位。当然，这只是一连串升迁的开始。最后，这位工人——山姆·瓦克南成了包尔温机车制造公司的董事长。

著名的无线电新闻分析家卡特斯曾说过如何将一件枯燥的工作变得有趣。他22岁那年，在一艘横渡大西洋运牲畜的船上工作，为船上运载的牲口喂水和饲料。赚了钱后，他骑着自行车周游了全英国，并去了法国。在到达巴黎时他的积蓄花光了，只得把随身带着的照相机当了，换了几美元，并在巴黎版的《纽约先驱报》上登了一个求职广告，找到了一份推销立体观测镜的工作。

每天早晨给自己打气是不是一件很肤浅、很孩子气的事呢？不

是的，这在心理学上是非常重要的。

很多年前，马尔卡斯·艾里斯在他的《沉思录》一书中写道："我们的生活就是由我们的思想创造的。"这句话在今天也同样是真理。要不断地提醒自己：如果你在工作上得不到快乐，那你还能从什么地方得到快乐呢？要知道，你一天的大部分时间都花在工作上了。如果你经常给自己打气，并培养自己对工作的兴趣，那你就会把疲劳降到最低限度，这也会有助于你事业的发展，并给你带来升迁的希望。即使没有这样的好处，至少在减少了疲劳和消除忧虑之后，你可以更好地享受自己的闲暇时间。